Hartmut Horn

Der lange Schatten des Kreuzes

Hartmut Horn

DER LANGE SCHATTEN DES KREUZES

NEUENDETTELSAUER MISSION UND MEINE VORFAHREN IN NEUGUINEA

Autor:

Hartmut Horn, Jahrgang 1947
Studium Politologie, Soziologie und Philosophie Universität
Konstanz und Heidelberg; Fachschule für Betriebswirtschaft und
Datenverarbeitung Stuttgart

1. Ausgabe Juni 2024
Überarbeitete Ausgabe November 2024
.

Bibliografische Information der Deutschen Nationalbibliothek:
Die Deutsche Nationalbibliothek verzeichnet diese Publikation
in der Deutschen Nationalbibliografie; detaillierte bibliografische Daten sind im Internet über dnb.dnb.de abrufbar.

Impressum:
© 2024 Hartmut Horn
Verlag: BoD · Books on Demand GmbH, In de Tarpen 42,
22848 Norderstedt
Druck: Libri Plureos GmbH, Friedensallee 273, 22763 Hamburg
Layout und Umschlaggestaltung: Hartmut Horn
ISBN: 978-3-7597-3752-6

Deckblattfotos: Die Großmutter des Autors mit Papuaträgern und
der Großvater mit seinen Sägewerkarbeitern (Quelle: Familienalbum)

„Don't accept that what's happening
Is just a case of others' suffering
Or you'll find that you're joining in
The turning away.“

(David Gilmour, Pink Floyd 1987)

Inhaltsverzeichnis

NIEDERLAND. BESITZ

St. Matthias-I.
Durour-I.
Matty-I.
Hermits-I^n Admiralitäts-I^n. Emirau-I.
(Einsiedler-I^n) (Squally I.)
Manus-I.
Jesus-Maria-
I.
Tench-
I.
Neu-
Hannover Simberi

Humboldt-B.
Laitere
Berlinhfn.
Kitepe K. Seleo. Kairu
Finsch
Ü 200
Purdy-I^n.
Schouten-I^n
(Le Maire-I^n)
K. della Torre
St. Georg-I.
Elisabeth I.
D
Nusa
Kawieng
Byron-Str.
Djaul-I.
Tabar-(Gan
Lir-I.
(Gerrit De

Kaiser
1260 Hansemann
Kaiserin Augusta
Manumudar
Hatzfeldt-Hfn.
Potsdamhfn.
Dampier-I.
(Karkar)
Bismarck-Archipel
Neu-Lauenburg
Simpsonhfn (Rabaul)
Herbertshöhe
Witu-I^n Deslacs-I. Gazelle-H-I.

Vikt. Emanuel-
Geb. 3600
1500
Blücher-B.
Friedr. Wilhelmshfn.
Wilhelms-
Erimahafen
Stephansort
s. m.
Astrolabe-B.
Konstantinhfn.
Long-I.
Vitiaz-Str.
Finisterre Geb.
3353
Ruk
Umboi-I.
Willaumez-
Unia
Vater
Neu-Pommer
(Neu-Britannie

Sir Arth. Gordon-
Musgrave Gebirge
2400
Alb. Victor Geb.
NEU GUINEA
-G-L-
Finsch-Pier-Str.
Hfn.
K. Cretin
Preußen-Reede
Huon-G.
Adolf-Hfn.
Süd-K.
S

BRITISCHER B.
Awurra
Manetti
Banu Kerema
Herkules-B. 2000
Mitra Felsen
Trobriand-

KAISE
BISM
Ma.
100 50

1. Vorwort

In meiner frühen Kindheit war mein Großvater lange Zeit einer, der mir mächtig imponierte, ein Mann, zu dem ich aufschaute. War er doch in jenem geheimnisvollen Land, in dem es Schlangen und Krokodile gab, wo man immer aufpassen und ein Gewehr dabeihaben musste. So jedenfalls erzählte es Großvater uns Kindern und wir hörten ihm gespannt zu. Viele Fotos hatte er von diesem Land, und viele mit dunkelhäutigen Menschen, mit nacktem Oberkörper und finsterem Gesicht, häufig bemalt und mit Speeren. Palmen gab es und die Häuser waren weiß und aus Holz. Auch meine Großmutter lebte in diesem Land und meine Mutter war dort sogar geboren, wurde mir gesagt. Auch dass viele Leute dort hingingen, Missionare, wie sie genannt wurden. Das Wort Mission hörte ich täglich, hier in Neuendettelsau, wo ich geboren bin. Es war irgendwie allgegenwärtig. Alles schien sich um Mission zu drehen in den Gesprächen. Der Onkel Gottfried war auch Missionar und auch er war lange in Neuguinea, in dem Land ganz weit fort, wo man mit einem großen Schiff hinfahren musste. Alle gingen sonntags in die Kirche, wo ich immer auch mitmusste und wo ich am Ende ein Zehnpfennigstück in den Klingelbeutel werfen durfte. Vor dem Essen am großen Tisch in der Küche wurden die Hände gefaltet und das mir heute noch geläufige Tischgebet gesprochen. Mein Großvater mit kräftiger, lauter Stimme, die anderen Familienmitglieder eher murmelnd. Was Mission bedeutet, darüber machte ich mir keine Gedanken, sie gehörte irgendwie zum Leben. Dass es anders war, merkte ich erst, als ich als Achtjähriger mit meinen Eltern, meinem Bruder und meiner Schwester von Neuendettelsau ins Schwäbische zog. Dort redete niemand von Mission. In den Sommerferien ging's dann mit unserer Mutter stets wieder zurück nach Neuendettelsau, zu Opa und Oma. Zwar vertraut, und doch zunehmend eigentümlich ernst und befremdlich kam mir das Leben hier vor. Langsam begann ich zu begreifen, dass die Missionsleute in Neuendettelsau eine eigene, von den übrigen Dorfbewohnern ziemlich isolierte Gesellschaft bildeten. So jedenfalls meine Wahrnehmung.

Lange Zeit noch über die Kindheit hinaus hatte ich eine von Romantik geprägte Vorstellung vom kolonisierten Neuguinea und der dortigen missionarischen Tätigkeit. Zur Verklärung der tatsächlichen Vorgänge im Missionsgebiet und zur unhinterfragten Sichtweise hatten natürlich wesentlich mein Großvater und meine Mutter beigetragen. Erst viel später war ich in der Lage, die Bedeutung von Mission zu verstehen und zu erkennen, dass Mission etwas mit Kolonialismus zu tun hat, in ihm verstrickt war, auch mein Großvater und die Neuendettelsauer Mission.

In mir reifte der Gedanke, das Tun der Missionare in jener Zeit kritisch aufzuarbeiten, die vielen hinterlassenen Neuguinea-Bilder im Familienalbum meiner Mutter mit Leben zu füllen. Es dauerte nun doch viele, viele Jahre, bis ich mir einen Ruck gab und mit der Recherche begann. Irgendwann wurde ich aufmerksam auf den neu erschienenen Roman von Katharina Döbler *„Dein ist das Reich"*.[1] Die vielen Hinweise auf die gemeinsame Vorgeschichte unserer Vorfahren in den Buchbesprechungen elektrisierten mich. Auch Katharina Döblers Großeltern waren für die Mission in

Neuguinea tätig. Ich verbrachte jede freie Stunde mit Lesen und war begeistert. Vor mir lag ein Buch, das einen Teil meiner Erlebniswelt beleuchtete. Es war, als käme die Vergangenheit zurück. Ich tauchte ein in das eigenartige Missionarsmilieu, wie ich es in meiner Kindheit in Neuendettelsau erlebt hatte, vom Kirchenbesuch bis zum Kaffeekränzchen. Lebendiges Fühlen und Tun fiktiver und doch mehr oder weniger wirklicher Personen ist mit realer Geschichte verknüpft. Katharina Döbler versteht ihr Buch nicht als Enthüllungsroman.[2] Und doch glaubte ich die beschriebenen Akteure zu kennen, sie schienen mir vertraut, wie sie sich bewegten damals in Neuguinea. Deren Geschichte wird im Buch erzählt in einer Welt, in der sich die Wege unserer Vorfahren kreuzten. Und die Namen dieser Vorfahren sind es, die sich mir als Kind damals in Neuendettelsau aus den Gesprächen der Erwachsenen eingeprägt hatten, als seien sie täglich erwähnt worden. Die Hertles, die Holzknechts, die Wagners, die Döblers, die Stürzenhofeckers und andere. Viele verwandt mit meinen Großeltern, der Familie Schmutterer.

Über Kolonialismus und seine Folgen in den kolonisierten Ländern hatte ich durchaus ein Vorwissen, denn diese Themen waren auch Gegenstand meines Studiums in Konstanz und Heidelberg. Vor allem die Abhandlungen von Frantz Fanon, wie z.B. sein Buch „*Die Verdammten dieser Erde*"[3,] oder auch Johan Galtungs „*Strukturelle Gewalt*"[4] hatten mich beeindruckt und beeinflusst. In Unkenntnis war ich jedoch, was konkret die Entwicklung in Neuguinea und die Rolle der vielen dort tätigen Missionsgesellschaften betraf. Bei meinen jetzigen Recherchen hat mich doch das Ausmaß der systematischen Ausnutzung der Arbeitskraft der einheimischen Bevölkerung und das mehr oder weniger unkaschierte wirtschaftliche Kalkül der missionarischen Akteure überrascht. Und erschreckt hat mich das offene Eintreten für nationalsozialistische Ideen auch in Neuguinea, was niemandem entgangen sein konnte. Weniger überraschend fand ich die Neigung selbst, waren doch Kirchenmänner beider Konfessionen in Deutschland Mitträger des Systems und schauten bei der Judenverfolgung und -vernichtung schweigend zu. Erst nach Jahrzehnten machten sie sich zögerlich daran, ihre schändliche Vergangenheit aus einer kritischeren Perspektive zu betrachten.

Meine Ausarbeitung will keine Familiengeschichte sein. Und doch versucht sie, diesen exotischen Teil der Historie der Vorfahren in den Kontext der missionarischen Tätigkeit und des politischen Handelns der Neuendettelsauer Mission in Neuguinea einzuordnen. Die Ausarbeitung soll auch dabei helfen zu erkennen, zu welchen katastrophalen Folgen ein politisches Denken führen kann, das andere Ethnien diskriminiert, deren Besitzrechte missachtet, von reinrassigem Volkstum träumt und Demokratie und Völkerverständigung geringschätzt und schließlich nationalistisch dominiert wird. Das Denken meiner Vorfahren war genau von solchen Ideologismen geprägt. Sie hatten sich für die falschen Werte entschieden. In dieser Hinsicht verstehe ich mein Buch auch als eine Mahnung, wachsam zu sein, denn der rassistisch-nationalistische Ungeist ist noch lange nicht ausgestorben und ist wieder dabei, den Kopf hochzurecken.

Ohne Verständnis des Kolonialismus kein Verständnis der Missionierungen in der damaligen Zeit. Deshalb sei vorangestellt ein historisches Kapitel über den Weg der Kolonisierung des Pazifikraums durch das Deutsche Reich, wobei geographisch ein besonderes Augenmerk auf den nordöstlichen Teil des Festlandes von Neuguinea, in dem die Neuendettelsauer Mission aktiv war, gelegt wird. Den Hauptteil des Buches bildet die Darstellung und kritische

Beleuchtung der Geschichte der Neuendettelsauer Mission sowie eine Auseinandersetzung mit gängigen Sichtweisen der kolonialen Vergangenheit Deutschlands und der Rolle der Mission. Der Bildanhang wie auch einige im Text eingestreuten Familienfotos aus der Neuguineazeit adressieren vor allem den Familienkreis und Nachkommen der damaligen Neuguineagemeinde. Er dürfte für Außenstehende in Ermangelung eines Personenbezugs eher von marginalem Interesse sein.

Meine Ausführungen lassen bisweilen eine ruhige und distanzierte akademische Handschrift vermissen und sind bewusst in weiten Teilen kommentierend und essayistisch abgefasst, hie und da von etwas Sarkasmus begleitet. Der Stil reproduziert manchmal Rhetorik auf dem Papier und kommt so zu vielleicht befremdlichen Ausdrucksformen. Man möge mir das nachsehen. Obwohl der Problematik bewusst, tue ich mich schwer mit den aktuellen Regeln zur Gendersprache. Für mich sind Missionare oder auch Dorfbewohner nach wie vor sowohl männliche wie weibliche Personen, denn die gedehnt-holprige Lösung finde ich ziemlich unpassend. Da ist eine Vermeidungsstrategie bei rassismussensitiven Begriffen einfacher zu handhaben.

Ich habe überwiegend auf Sekundärliteratur zurückgegriffen, aber auch auf Veröffentlichungen von Missionaren und anderer Personen der damaligen Zeit, die heute in digitalisierter Form erfreulich breit zugänglich sind. Die Orthografie dieser alten Schriften habe ich, soweit notwendig und zitiert, an die heutige Schreibweise angepasst. Die Veröffentlichungen der frühen Missionierungszeit und die Berichte im „Neuendettelsauer Missionsblatt" vermitteln einen tiefen Einblick in die missionarische Tagesarbeit, in geografische und klimatische Gegebenheiten, auch in die Kultur der missionarischen Zielgruppe, den Papuas. Freilich immer aus der Perspektive und den Beurteilungsmustern der Missionare, die von der Absicht geprägt sind, eine Erfolgsgeschichte zu vermitteln.

Trotz viel Lektüre, eigene Forschungen habe ich nicht angestellt. Einige Fragen sind offengeblieben, die ich nicht klären konnte. Über die Zeit der deutschen Kolonisierung in der Südsee gibt es nicht wenige Studien, wobei die Rolle der Missionen leider eher nur am Rande beleuchtet wird. Dabei scheinen australische Autoren und weniger deutsche mit ausgeprägtem Forschungsinteresse voranzugehen. Zu nennen wären stellvertretend Steward Firth, Peter J. Hempenstall oder Peter Sack, wenngleich ein bei manchen Autoren festzustellender Mangel an kritischer Distanz zur deutschen Kolonialherrschaft überrascht. Eine große Hilfe, vor allem die unheilvolle politische Entwicklung der Neuendettelsauer Mission in Neuguinea nach dem ersten Weltkrieg tiefergehend und gestützt auf authentische Quellen darstellen zu können, waren die vielen Ausarbeitungen der deutsch-australischen Historikerin Christine Winter[5], auf die ich gestoßen bin. Sie ist die Urenkelin des früheren Neuendettelsauer Missionsdirektors Rudolf Ruf[6] und lebt in Adelaide in Südaustralien. Eine ergänzende Hilfe waren aber auch Hans Rößlers Recherchen zur Nazifizierung in Neuendettelsau mit Augenmerk auf die Lutherische Kirche.[7] Sein relativ junges Buch konnte Christine Winter in ihren Ausarbeitungen noch nicht erwähnen. Andererseits für mich verwunderlich, wenn bei Rößler Christine Winter nicht angeführt ist. Für mich ein Indiz für die im internationalen Raum wenig vernetzte und sehr vereinzelt geführte Kritik am missionarischen Wirken speziell der Neuendettelsauer lutherischen Mission im Huon-Gebiet während der Kolonialzeit. Auffällig bei der Literatursichtung war der weitaus größere Umfang von Studien zur missionarischen Präsenz in den deutschen Afrikakolonien.

In der Diskussion um die Rolle der Mission im Kolonialismus, dem ein eigenes Kapitel gewidmet ist, möchte ich in kritischer Auseinandersetzung mit gängigen Positionen ein paar Aspekte vortragen, die mir zu wenig berücksichtigt erscheinen. Ich bin jedoch nicht vom Ehrgeiz getragen, auf Augenhöhe mit dem jetzigen Stand der Wissenschaft und Forschung diskursiv mithalten zu wollen. Dennoch denke ich, mit meinem Versuch einer Gesamtdarstellung der Geschichte der Neuendettelsauer Mission im Huon-Gebiet, geleitet vom Interesse, vor allem die kritisch zu beurteilenden Aktivitäten herauszuarbeiten und hervorzuheben, einen ergänzenden Beitrag beigesteuert zu haben.

Noch ein Anliegen, das ich betonen möchte und das mir sehr am Herzen liegt. Ich positioniere mich in meinem Buch sehr deutlich. Vielleicht zu rigoros, auf jeden Fall in einer Diktion, die mir bei vorliegender Thematik nicht unangemessen erscheint. Und hier kann ein Missverständnis entstehen, das ich unbedingt vermeiden möchte. Meine kritische Haltung richtet sich keinesfalls gegen christliche Gläubige oder den christlichen Glauben allgemein. Die atheistische Perspektive ist für einen Gläubigen immer hart anzuhören, ob Christ, Muslim oder Anhänger einer anderen Konfession. Soweit sich jemand verletzt fühlt, tut es mir leid, denn solches ist keineswegs meine Absicht. Ich bin mit nicht wenigen gläubigen Menschen bekannt, begegne ihnen nicht nur in der Flüchtlingshilfe und habe großen Respekt, solange sie sich in ihrem gesellschaftlichen Denken und Handeln auch vom Wertesystem ihres Glaubens leiten lassen. Zu zeigen, dass dies leider nicht selbstverständlich ist, ist auch ein Anliegen dieses Buches.

Rudersberg, im Jahr 2024

2. Deutsche Kolonisierung in Ozeanien

Ein Wettlauf um „herrenloses Land"

Ab Mitte des 19. Jahrhunderts verstärkten die europäischen Großmächte ihre Bestrebungen, sich in Afrika, Asien und Ozeanien Einflussgebiete zu verschaffen und auszubauen.[8] Aber auch kleinere Staaten wie Italien, Niederlande, Belgien oder Portugal mischten mit. Deutschland war zu der Zeit noch in Kleinstaaten zersplittert und erst nach der Reichsgründung 1871 trat das Deutsche Reich mit auf die Bühne. Zumeist gestützt auf küstennahe Handelsstationen erlangten die Kolonialmächte schrittweise die Kontrolle über strategisch wichtige Regionen. Entdecker und Forscher hatten sich auf die Reise gemacht, die neuen Gebiete zu sondieren und wirtschaftliches Potential auszuloten. Mit Beginn der 1880er Jahre begann ein regelrechter Wettlauf um den Erwerb von Kolonialbesitz. So viel wie möglich Aneignung von fremdem Land war das Motto. Der Anspruch auf das Land wurde durch das Hissen nationaler Flaggen und dem Abschluss von sog. „Schutzverträgen" mit den Oberhäuptern der heimischen Bevölkerungsgruppen bekräftigt. Auf der Berliner Afrikakonferenz 1884 versicherten sich die Kolonialmächte gegenseitig die Rechtmäßigkeit ihrer Besitzansprüche.

Die neue Entwicklung war begleitet von einer ideologischen Offensive, um vor der Bevölkerung in der Heimat die kolonialistische Herrschaft zu legitimieren. Die eigene als höherwertig eingeordnete Kultur und Religion gelte es in den „unterentwickelten" Kolonien zu verbreiten und die dortigen Völker zu „zivilisieren". Die geistige Überlegenheit der „weißen Rasse" berechtige zur Herrschaft über die „Barbaren". Mit der Ethnologie war zugleich ein neuer Wissenschaftszweig entstanden, teilweise offen mit der Absicht, anhand körperlicher Eigenschaften wie Hautfarbe, Kopfform, Skelettstruktur, Blut etc. die „rassische Minderwertigkeit" der kolonisierten Völker zu beweisen.

Das Jahr 1884 markiert den Einstieg des Deutschen Reiches in den Kolonialismus. In Afrika wurden Südwest-Afrika, Togo und Kamerun „erworben". In Ozeanien beanspruchte Deutschland den Nordosten Neuguineas und die vorgelagerte Inselwelt, nicht ohne Verstimmung bei den Engländern, die vor allem von ihrer australischen Kolonie Queensland aus ihre wirtschaftlichen Aktivitäten in Ozeanien ausgebaut hatten. Bereits 1882 war für den Erwerb von Kolonialbesitz auf Initiative von Adolph von Hansemann, dem Direktor der Berliner Disconto-Bank, und mit Unterstützung weiterer Bankiers und Großfinanziers das Neuguinea-Konsortium gegründet worden. Später wurde es in Neuguinea-Kompagnie umbenannt. Ihr wurden vom Reich landeshoheitliche Rechte überschrieben und sie konnte damit autonom die politische Verwaltung in der

Kolonie übernehmen. Ihr war damit auch das Recht übertragen, Land in Besitz zu nehmen, das dann unter den Schutz des deutschen Reiches gestellt werden sollte. Im Gegenzug verpflichtete sich die Kompagnie, brauchbares Gebiet für Häfen, Ansiedlungen und Plantagen auszukundschaften und im erworbenen Gebiet auf eigene Rechnung eine Verwaltung und Infrastruktur aufzubauen sowie für die Bewirtschaftung Arbeitskräfte zu mobilisieren. Bismarck beabsichtigte mit diesem Konstrukt, die Kosten für Verwaltung und Erschließung zu privatisieren und finanzielle Belastungen vom Reichsbudget möglichst fernzuhalten.

Abb.2: Hissen der deutschen Flagge in
Mioko am 4.11.1884

Ab 1884 wurde ein Landstrich nach dem anderen in Besitz genommen. In der Inselwelt war durch Landungskorps deutscher Kriegsschiffe vielerorts die deutsche

Reichsfahne gehisst und so im nordpazifischen Raum ein ansehnliches Kolonialreich errichtet worden. Es umfasste neben dem nordöstlichen Teil Neuguineas, dem Kaiser-Wilhelms-Land, dem Bismarck-Archipel und eine ganze Reihe weiterer kleiner Inselgruppen, die zum Teil erst 1900 von den Spaniern gekauft wurden. Die Niederländer hatten sich schon seit 1828 in West-Neuguinea und die Briten 1883 im Südosten festgesetzt. Einige Jahre später waren die deutschen Interessenssphären in der Südsee auch von England anerkannt worden.

Abb.3: „Fahre mich hinüber schöner Schiffer!"

Gestützt auf einen eindrucksvollen Industrialisierungs-prozess und einhergehender Prosperität konnte das Reich gewaltige Ressourcen mobilisieren. Prachtbauten in wil-helminischem Stil waren ebenso Zeugen der neuen Zeit wie der Aufschwung in Forschung und Wissenschaft, der weltweit führende technisch-industrielle Errungenschaften hervorbrachte. Der Welthandel, vor allem auch mit kolonialen Gütern, erlebte Hochzeiten und deutsche Schiffe kursierten auf den Weltmeeren, begleitet von bestgerüsteten Flotten zum Schutz der Handelswege und der Kolonien, die man deshalb „Schutzgebiete" nannte. Das alles war befeuert von einer autokratisch und xenophob geprägten, deutschnationalen Geisteshaltung, politisch gegen Kritik abgesichert durch die Verbotsgesetze gegen die Sozialisten.

Mit Volldampf und deutscher Gründlichkeit wurden nach den Landnahmen die Ziele der Kolonisierung ins Visier genommen. *„Wir verlangen auch unseren Platz an der Sonne"*, hatte der spätere Reichkanzler Fürst von Bülow 1897 verlauten lassen und so den deutschen Ansprüchen nach kolonialer Weltmacht Nachdruck gegeben. Und Kaiser Wilhelm II. machte deutlich, dass das Deutsche Reich auch rücksichtslos seine militärische Macht einsetzen würde: *"Pardon wird nicht gegeben! Gefangene werden nicht gemacht!"*. Selbst liberal gesinnte Eliten im Reich konnten sich für die koloniale Idee begeistern. Bernhard Dernburg, Mitglied der DDP (Deutsche Demokratische Partei) 1907: *„Das Erfreuliche an den Kolonien ist gerade, dass sie ein verhältnismäßig freies Feld geben für die uneingeschränkte Betätigung eines zivilisierten Volks, wie des deutschen (...). Kolonisation, ganz gleichgültig, ob es sich um Plantagenkolonien oder um Ansiedlungskolonien handelt, heißt die Nutzbarmachung des Bodens, seiner Schätze, der Flora, der Fauna und vor allem der Menschen zugunsten der Wirtschaft der kolonisierenden Nation, und* *diese ist dafür zu der Gegengabe ihrer höheren Kultur, ihrer sittlichen Begriffe, ihrer besseren Methoden verpflichtet.“*[9]

Die wirtschaftliche Ausbeutung der Südseekolonie war oberstes Ziel des kolonialen Engagements. Profite versprach man sich vor allem aus der Plantagenwirtschaft mit Kokospalmen, Kautschuk, Tabak und Kakao.[10] Neben der Zwangsrekrutierung der papuanischen und melanesischen Bewohner wurden auch chinesische und andere Arbeitskräfte aus dem holländischen Ostindien, dem heutigen Indonesien, herangezogenen, weil sich die einheimischen Arbeitskräfte nicht im benötigten Umfang mobilisieren ließen.

Die Anfänge der Errichtung der Kolonie

Im melanesischen Inselreich waren europäische Unternehmen lange vor der Kolonisierung durch das Deutsche Reich schon aktiv. Vor allem Handelsgesellschaften versuchten mit Kopraexporten profitable Geschäfte zu machen. Von den deutschen Hauptakteuren war vornan die schon seit 1857 aktive Firma J. C. Godeffroy vertreten, die von Samoa aus ein Handelsnetz und Schifffahrtslinien aufbaute und später in den Plantagenanbau einstieg. Ihr Nachfolger wurde die Deutsche Handels- und Plantagengesellschaft (DHPG), neben der Hermsheim & Co. das größte deutsche Unternehmen in der Südsee. Auch bei der Landaneignung seit 1882 waren beide Firmen nicht untätig und ergaunerten sich Tausende von Hektar für den Plantagenanbau.[11]

Im Gegensatz zur melanesischen Inselwelt war die Nordostküste des Festlandes von Neuguinea vor der deutschen Kolonisierung von imperialistischen Wirtschaftsaktivitäten völlig unberührt. Das Land galt wegen seiner ungünstigen klimatischen Bedingungen als Fiebernest, den Bewohnern wurde feindseliges Verhalten zugeschrieben und so hielten sich die europäischen Siedler dort zurück, auch in den späteren Jahren.[12]

1884 und 1885 beauftragte Adolph von Hansemann, Chef der Neuguinea-Kompagnie (NGK), den deutschen Ethnologen Dr. Otto Finsch zusammen mit Kapitän Eduard Dallmann von der „Samoa" diesen Festlandteil des Papualandes zu erkunden. Finsch gelang es dabei, mit List und Tücke von einheimischen Oberhäuptern Verträge über Landerwerbungen zugunsten der Neuguinea-Kompanie abzuschließen. Selten waren sich diese bewusst, was sie unterschrieben hatten.[13] Ein Kreuzchen für ein Säckchen Glasperlen. Später gab es dann die zu erwartenden Konflikte, wenn die Landnahme mit der Besiedelung und Bewirtschaftung real wurde. Betrug und Täuschung waren bei den Landerwerbungen auch andernorts in der Kolonie der übliche Gang beim Besitzwechsel.

Am 24. November 1884 erfolgte in einem geschützten Naturhafen auf der Huon-Halbinsel die Gründung der Niederlassung Finschhafen. Wenige Monate danach hunderte km weiter nördlich Hatzfeldhafen und in der Astrolabebucht Konstantinhafen. Finschhafen wurde Verwal-

tungssitz der Neuguinea-Kompagnie für diesen Teil Neuguineas, der sich nun Kaiser-Wilhelms-Land nannte. 1891
verlegte die Verwaltung ihren Sitz weiter nördlich nach der
neu errichteten Niederlassung Friedrich-Wilhelmshafen,
später in Madang umgetauft, nachdem Finschhafen wegen
einer verheerenden Malaria-Epidemie aufgegeben werden
musste.

1898 holte sich das Deutsche Reich von der Neuguinea-
Kompagnie die Hoheitsrechte gegen eine großzügige Ent-
schädigung zurück, nachdem die großen wirtschaftlichen
Erfolge ausgeblieben waren. Sie war von den finanziellen
Belastungen der politischen Aufgaben, der personellen und
materiellen Aufrechterhaltung einer Verwaltung überfor-
dert. Das Gebiet wurde 1899 Teil der Kolonie Deutsch-
Neuguinea und das Reich übernahm die koloniale Verwaltung. Der kaiserliche Gouverneur an der Spitze in der Kolonie ersetzte den Landeshauptmann der Neuguinea-
Kompagnie. Die Errichtung der Südsee-Kolonie war damit
auch politisch abgeschlossen. Im selben Jahr war der Sitz
der Kolonialregierung von Neuguinea von Friedrich-
Wilhelmshafen nach Herbertshöhe (dem heutigen Kokopo)
auf der Gazelle-Halbinsel, ein Teil des vorgelagerten Bis-
marck-Archipels, verlegt worden. Von dort agierten nun
sowohl die kolonialpolitische Verwaltung wie auch die
Unternehmensführung der nun rein auf wirtschaftliche
Betätigung ausgerichteten Neuguinea-Kompagnie. 1910
dann ein erneuter Umzug aus Platzgründen nach Rabaul an
der Nordwestecke der Blanche Bay im Bismarck-
Archipel.[14]

Nach Schätzungen australischer Behörden waren bis 1914 in Deutsch-Neuguinea 702.000 Hektar Land in Besitz genommen. Davon besaß die Neuguinea-Kompagnie 369.000 ha, andere Handelsunternehmen 73.000 ha, die Missionsgesellschaften 80.000 ha und private Pflanzer 178.000 ha.[15] Doch die Landnahme, die Abholzung der Wälder für die Plantagen und die Rekrutierung der Einheimischen zur Arbeit für die kolonialistischen Eroberer konnte keine friedvolle Entwicklung erwarten lassen. Wie in anderen Kolonien auch war die koloniale Geschichte Deutsch-Neuguineas geprägt von Betrug, Ausbeutung, Unterdrückung und Gewalt.

Zwangsarbeit und Strafaktionen gegen Widerstände

Die Heranziehung der einheimischen Bevölkerung zur Arbeit war für die kolonialistischen Unternehmer von zentraler Bedeutung. Der notwendige Ausbau der Infrastruktur und eine profitable Bewirtschaftung der Plantagen machte eine Mobilisierung dringend erforderlich. Jedoch blieb der Mangel an bereitwilligen Arbeitskräften während der gesamten Zeit der deutschen Herrschaft ein ständiges Problem. Es bedurfte dringend Maßnahmen, den verbreiteten Unwillen zur Zwangsarbeit zu brechen. Die kompensierende Rekrutierung externer Lohnarbeiter aus anderen Gebieten der Kolonie und dem ostasiatischen Raum, die vorwiegend in den Händen niederländischer Vermittler lag, war auf Dauer kostspielig. Chinesische, malaische oder javanesische Kulis kosteten ein Mehrfaches an Lohngeldern im Vergleich zu den Einheimischen.[16] Allerdings waren deren handwerkliche Fähigkeiten absehbar nicht verzichtbar. Von den Missionen erwartete man einen unterstützenden Beitrag durch „Erziehung zur Arbeit". Immer mal wurde der Vorwurf laut, die Missionen würden die Anwerbungen behindern und in ihrem Einflussbereich die Bewohner von einer Meldung als Plantagenarbeiter abbringen.[17] Wirkungsvollere Maßnahmen der kolonialen Administration waren erforderlich.

Abb.4: „Schutztruppe" in Deutsch-Neuguinea

Von 1902 bis 1914 verwaltete Gouverneur Albert Hahl die Kolonie. Er galt als moderat, entschied er doch auf Grundlage seiner Überzeugung, die koloniale Politik dürfe die Interessen der Einheimischen nicht außer Acht lassen und müsse sie als Teil der kolonialen Gesellschaft einbinden.[18] So setzte er verstärkt einheimische Verwaltungsbeamte, sog. Lulais, ein. Vorwiegend waren dies Stammesoberhäupter, auch Häuptlinge oder Dorfvorsteher genannt, die als Schlichter und Dorfpolizisten fungieren sollten.[19] Hahl hoffte mit dieser Maßnahme zur Entspannung der Konflikte zwischen den Einheimischen und der Kolonialverwaltung beitragen zu können.

Dieser Absicht diente auch eine Verordnung, mit der er von 1903 an regelmäßig bestehende Besitzverhältnisse überprüfen ließ. Soweit nicht von der Neuguinea-Kompagnie bzw. der Kolonialverwaltung erworben, mussten die europäischen Siedler die Landstücke wieder an die einheimischen Dorfbewohner zurückgeben. Zudem sollte jeder Einwohner Anspruch auf mindestens ein Hektar Land für Feldfrüchte oder Kokospalmen zur Eigenbewirtschaftung haben. Im Kaiser-Wilhelms-Land, wo nahezu alle Bewirtschaftungsflächen im Besitz der Neuguinea-Kompanie waren, hatten die einheimischen Bewohner nur wenig Nutzen von dieser Anordnung. Aus naheliegenden Gründen wurde Hahls Anordnung zudem nur sehr langsam umgesetzt und selbst 1914 war die Besitztumsprüfung noch nicht abgeschlossen.[20]

Aber Hahl wäre kein Reichsbeauftragter, wäre er nicht durch und durch Kolonialist. Verknüpft mit der Besitzregelung war 1903 eine Verordnung zur Arbeitspflicht erlassen worden. Danach mussten von männlichen Einheimischen jährlich bis zu vier Wochen abgeleistet werden. Für solche öffentliche Arbeiten vorwiegend beim Straßenbau oder auf Kompagnieplantagen waren bislang Strafgefangene oder zwangsweise Dorfbewohner herangezogen worden.[21] Aber diese Zwangsmaßnahme konnte den Mangel an verfügbaren Arbeitskräften nicht beheben. Vom Reich war für alle deutschen Kolonien bereits 1903 eine Kopfsteuer eingeführt worden. Mit der Verordnung vom 18.3.1907 wurde die Erhebung dieser Steuer auch für Deutsch-Neuguinea in Kraft gesetzt. Auszüge aus der Verordnung:

„§1. Jeder erwachsene männliche, arbeitsfähige Eingeborene hat eine Jahreskopfsteuer von 5 M. zu entrichten, sofern die Gemeinde (die Landschaft), in der er zur Zeit der Steuererhebung wohnt oder sich aufhält, als steuerpflichtig erklärt wird.“ Und in §4 heißt es: *„Die Erhebung der Steuer von den Steuerpflichtigen erfolgt auf Grund des Voranschlages durch die bestellten Gemeindevorsteher (Häuptlinge), die das Ergebnis an die Kasse der örtlichen Verwaltungsbehörde abzuführen haben.“*[22]

Um die Dorfvorsteher für das unangenehme Geschäft zu gewinnen, durften sie 10% davon selbst einbehalten. Sie sollten auch die Einteilung unbezahlter Arbeit regeln, die bei Säumnis oder Zahlungsunfähigkeit zu entrichten war. In weiterer Bestimmungen der Verordnung wird ausgeführt: *„Sofern säumige oder zahlungsunfähige Steuerpflichtige bei öffentlichen Arbeiten Beschäftigung finden, ist die Höhe des auf die Steuer zu verrechnenden Tagelohnes durch die örtliche Verwaltungsbehörde zu bestimmen.“* So in §6. Und in §7: *„Diejenigen Eingeborenen, welche Steuern zahlen, sind von Fronarbeiten befreit.“*[23]

Es ist offensichtlich, dass die Kopfsteuer nicht hauptsächlich auf Einnahmen für die Reichskasse abzielte, sondern Druck zur Arbeit auf den Plantagen ausüben sollte.[24] Um dem Zwang zur Arbeit und dabei der Disziplin Nachdruck zu verleihen, hatte der kaiserliche Gouverneur bereits 1900 eine *„Gouvernements-Verordnung, betreffend die Erhaltung der Disziplin unter den farbigen Arbeitern"* beschlossen. Danach konnten *„gegen Farbige, welche in einem Dienstverhältnis oder in einem Arbeitsvertragsverhältnis stehen (...) wegen fortgesetzter Pflichtverletzung und Trägheit, wegen Widersetzlichkeit oder unbegründeten Verlassens ihrer Dienst- oder Arbeitsstellen (...) Disziplinarstrafen angewendet werden. Als solche sind zulässig: Körperliche Züchtigung (Prügelstrafe, Rutenstrafe), Einsperrung, Geldstrafen."*[25] Man kann sich ausmalen, wie es auf den Plantagen zuging. Prügeln und ggf. Auspeitschen gehörte zum Geschäft.

Abb.5: Rassistische Werbung im Kaiserreich

Die Kopfsteuer wurde gezielt nicht in allen Landesteilen gleichzeitig erhoben. Man war bedacht, die Durchsetzbarkeit abzuwägen und keinen breiten Widerstand zu provozieren. Für das Kaiser-Wilhelms-Land galt die Steuer erst ab 1910, denn dort gab es über das Küstenland hinaus noch viele Gegenden ohne koloniale Präsenz. Generell war eine größere Distanzierung der Einheimischen von den Weißen zu beobachten und Lulais ließen sich nur verzögert gewinnen. Noch 1913 gab es drei Bezirke, in denen die Steuer noch nicht erhoben werden konnte.[26] Die Steuer verfehlte auch vielerorts in der Kolonie ihren Zweck, die Einheimischen zur Arbeit in den Plantagen oder zum Straßenbau zu zwingen. Häufig waren sie in der Lage, die fälligen Abgaben aus dem Verkauf selbst angebauter Produkte zu erwirtschaften. Auch der Handel mit bei Europäern sehr gefragten selbstgefertigten Holzschnitzereien, hübschen Gefäßen, Schmuck oder anderen Artefakten war einträglich.[27]

Im Grunde scheiterte das Konzept von Hahl. Der Raub des eigenen Landes, der Zwang zur Fremdarbeit und die Angriffe auf die überkommenen dörflichen Kulturen konnte nicht konfliktfrei bleiben. So kam es während der gesamten deutschen Kolonialzeit neben passivem auch immer wieder zum aktiven Widerstand mit teilweisen barbarischen Reaktionen der Kolonialmacht. Über 300 militärische Einsätze gegen gewalttätige Rebellionen von Eingeborenen haben Historiker dokumentiert.[28] Kaiserliche Marinesoldaten und lokale Polizeitruppen starteten dabei häufig grausame kollektive „Strafaktionen" mit Hinrichtungen, Vertreibungen, Zerstörung lebenswichtiger Boote oder Gefäße und Auslöschung ganzer Dörfer. Viele Gegenstände wurden geplündert und als Kunstartikel nach Deutschland für private Sammler und Museen verfrachtet.[29] Besondere Aufmerksamkeit in der Öffentlichkeit erfuhr das sog. „Baining-Massaker" am nordwestlichen Ende der Gazelle-Halbinsel, bei dem 1904 zehn Angehörige der katholischen Hiltruper Mission umgebracht worden waren.[30] Im Gefolge wurde in einer groß angelegten militärischen Aktion im gesamten Gebiet der Baining eine kollektive „Bestrafung" durchgeführt. Die offiziellen Berichte meldeten 100 Tote, zahlreiche Verhaftungen und Hinrichtungen. Sterbliche Überreste der Hingerichteten gingen nach Deutschland für die anthropologische und ethnologische Rassenforschung. Auch der Aufstand der Sokehs 1911 auf der Karolineninsel Ponape wird in der Literatur häufig erwähnt. Deutsche Marinesoldaten und lokale Polizeitruppen hatten ihn blutig niedergeschlagen und einen Teil der Indigenen auf andere Inseln zur Zwangsarbeit verbannt.[31]

Von 1884 bis 1914 schufteten ca. 100.000 Einheimische auf den Plantagen in Deutsch-Neuguinea. Die sklavischen Arbeitsbedingungen unter der Herrschaft der fremden Eindringlinge, die todbringenden Epidemien und auch die Strafaktionen erforderten von der einheimischen Bevölkerung einen hohen Tribut. Schrecklich sind die von der Astrolabebucht für die Jahre 1887–1903 gemeldeten Todeszahlen. Von den 2802 angeworbenen Arbeitern starben 40,3 %.[32] Insgesamt überlebten nach Schätzungen der Kolonialabteilung bis zu 25% die „Herrenzeit" nicht. Es ist kein Trost, wenn in britischen Quellen festgestellt wird, dass in ihren Kolonien die Sterbensrate niedriger war.[33]

Misserfolge im Kaiser-Wilhelms-Land

In vielen Regionen der Kolonie war die wirtschaftliche Ausbeute für die privaten Gesellschaften durchaus profitabel. Ab 1899 ging es auch für die Neuguinea-Kompanie aufwärts, nachdem sie die administrativen Aufgaben abgestoßen hatte.[34] Vor allem im Bismarck-Archipel stieg die Anzahl der Plantagen und der gepflanzten Kokospalmen kontinuierlich an und entsprechend die Erträge.[35] Im Kaiser-Wilhelms-Land jedoch blieben die großen Erfolge aus. Die Versuche mit großflächigem Tabak- und Baumwollanbau waren v.a. aus klimatischen Gründen und wegen der Bodenbeschaffenheit misslungen und verschlangen viele finanzielle Mittel der Neuguinea-Kompanie. So wurde die Bepflanzung mit diesen Produkten 1902 nach 12 Jahren eingestellt. Auch Kaffee- und Kakaoanbau erwiesen sich als Fehlschlag. Von den 12 von der Neuguinea-Kompanie nach 1885 gegründeten Niederlassungen blieben nur einige wenige übrig. Mit Finschhafen, Butaueng und Kelana wurden 3 wegen zu hoher Krankheitsopfer aufgegeben. In Hatzfeldhafen zwangen die vielen Feindseligkeiten seitens der Einheimischen 1895 zur Räumung. 1891 waren dort 2 Missionare der Rheinischen Mission, mehrere Kompanie-Angestellte und 14 Malayer getötet worden. Konstantinhafen fiel der Misswirtschaft beim Tabakanbau zum Opfer und in weiteren 3 Niederlassungen wurde die Bewirtschaftung eingeschränkt. Als Hauptstandorte von Palmengroßplantagen verblieben der Neuguinea-Kompagnie Friedrich-Wilhelms-Hafen und Ste-

phansort. Von Stephansort wurden die Nüsse und Kopra
mit einer von Ochsen gezogenen Eisenbahn 10 km nach
Erimahafen zur Verschiffung transportiert.[36]

Die wirtschaftlichen Probleme der Neuguinea-Kompagnie im Kaiser-Wilhelms-Land spiegeln auch die Statistiken wider. Trotz vergleichsweise großer Landfläche hatte das Kaiser-Wilhelms-Land 1904 nur einen Anteil von 2 % der gesamten Plantagenfläche in Neuguinea. In den 30 Jahren deutscher Kolonialzeit wuchs die Wirtschaftsleistung im Bismarck-Archipel um das Fünffache, im Kaiser-Wilhelms-Land dagegen nur um das Dreifache und auch die Exporterträge waren im Bismarck-Archipel nahezu fünfmal höher.[37] Von 1903 bis 1913 erhöhte sich im Kaiser-Wilhelms-Land die von der Neuguinea-Kompagnie bepflanzte Fläche trotz stattlichem Landbesitz nur von 1098 ha auf 1297 ha.[38] Der koloniale Einfluss beschränkte sich auf die Küstengebiete und reichte lediglich am Huon-Golf bis 50 km ins Landesinnere. Das große Regenwaldgebiet im bergigen Hinterland und seine misstrauischen bis feindseligen Bewohner verhinderten den Zugang und die Rekrutierung. Nur zum Tauschhandel kamen vereinzelt Dorfangehörige an die Küste. Zwischen 1887 und 1903 konnten gerade mal 143 Menschen aus den Dörfern für die Arbeit angeworben werden bei einer Gesamtzahl von 2.708 auf den Gazelle-Halbinseln und 18.584 im ganzen Schutzgebiet.[39] Die fehlenden Arbeitskräfte mussten durch teure externe Anwerbungen kompensiert werden.

Viel Hoffnung war auch auf Goldfunde gesetzt worden. Ab 1902 starteten mehrfach Expeditionen in den südwestlichen Teil des Huon-Golfes. 1904 wurden Funde gemeldet, allerdings nur Spuren. 1909 dezimierten Krankheiten und Überfälle von Einheimischen die Mitglieder einer Expedition. Der Rest konnte sich erschöpft in die Missionsstation Kap Arkona retten. 1914 gelangen dann größere Funde. Das schwergängige Gelände, fehlendes Personal und die hohen Kosten für Ausrüstung und Transport zwangen von einer Ausbeutung Abstand zu nehmen.[40] Der Traum vom El Dorado musste begraben werden.

Letztlich führten widrige klimatische Verhältnisse, Krankheiten, hohe Kosten, Fluktuation im Personal, Missmanagement, Organisationsprobleme und der Widerstand der Einheimischen zum Misserfolg der Neuguinea-Kompagnie im Kaiser-Wilhelms-Land.[41]

Das Ende der deutschen Kolonialzeit

Trotz Widrigkeiten in einigen Landesteilen waren die Jahre vor dem ersten Weltkrieg in der Kolonie Deutsch-Neuguinea insgesamt von zunehmender Prosperität und anwachsender europäischer Bevölkerung gekennzeichnet. Die vom deutschen Kolonialamt veröffentlichte Bevölkerungsstatistik von 1911 registrierte 1169 weiße Europäer, darunter 772 Deutsche. Zusätzlich lebten 762 nichteinheimische „farbige" Bewohner in der Kolonie, hauptsächlich Chinesen, Malaier und Javanesen. Die Mehrzahl der europäischen Bewohner waren Kaufleute, Plantagenbesitzer und Ansiedler, Funktionäre der Neuguinea-Gesellschaft und Verwaltungsbeamte der Kolonialregierung. Die weitaus größte Gruppe bildeten die Angehörigen unterschiedlichster Missionsgemeinschaften und ihre Familien.[42]

Das koloniale gesellschaftliche Leben und seine Struktur hatten Gestalt angenommen und blühten auf. Prächtige Wohn- und Verwaltungsgebäude, Versorgungseinrichtungen, Import-Export-Agenturen, Läden, Hotels, Restaurants, Bars und andere Vergnügungsorte prägten das Bild vor allem der Hauptniederlassungen. Mit wachsendem Im- und

Abb.6: Hotel Fürst Bismarck in Kokopo (Herbertshöhe) um 1906

Export und Anforderungen an den Personentransport wuchs in den Häfen der Verkehr ein- und auslaufender Schiffe. Und allenthalben sichtbar die Klassengesellschaft und die Apartheid. Die einheimische Mehrheit schuftete an den Häfen, in den Lagerhäusern, beim Transport und auf den vielen Plantagen für ihre Kolonialherren. Diese stets piekfein in Weiß gekleidet, ihre Untertanen dagegen barfuß und mit nacktem Oberkörper.

Mit Beginn des 1. Weltkriegs 1914 war es vorbei mit der deutschen Kolonialherrlichkeit. Während die Karolinen, die Marianen, Palau und die Marschall-Inseln kampflos an die japanischen Einheiten übergeben werden mussten, glaubte man in den südlichen Teilen der Kolonie den australischen Truppen Widerstand leisten zu können. Doch die spärlichen deutschen Einheiten, verstärkt durch angeworbene Melanesier, hatten gegen die 3000 australischen Soldaten keine Chance. Nach einem eintägigen Gefecht um die Funkstation von Rabaul nahe der Herbertshöhe war schon im September 1914 der Krieg in der Südsee vorbei.[43] Im Kaiser-Wilhelms-Land versteckte sich der deutsche Hauptmann Hermann Detzner mit ein paar einheimischen Söldnern in der Nähe von Sattelberg im Busch und kapitulierte erst im November 1918.[44] Bis 1915 wurden etwa 110 Beamte der Kolonialregierung in Australien in Gefängnissen und Konzentrationslagern interniert und anschließend in ihre deutsche Heimat zurückgeschickt. Nicht anders erging es ca. 95 deutschen Zivilisten.[45] Die deutschen Pflanzer jedoch, unter ihnen die großen Plantagengesellschaften wie die Neuguinea-Kompagnie, die Hamburger Südsee Aktiengesellschaft, Hernsheim und Wahlen, durften bis zur abschließenden Klärung der Besitzverhältnisse durch die Siegermächte verbleiben und weiterarbeiten.[46] Die deutschen Missionsstationen und ihr Personal konnten durch die Einflussnahme australischer und amerikanischer Lutheristen wie auch der englischen Protestanten einen dauerhaften Verbleib und eine Fortsetzung ihrer Arbeit erreichen. Bis 1928 blieb jedoch jegliche Einreise aus Deutschland untersagt.[47]

In der Zeit von 1914 bis 1920 war Neuguinea unter Kontrolle einer australischen Militäradministration. Diese unterstützte bereitwillig die wirtschaftlichen Interessen britisch-australischer Handelsgesellschaften, die das Geschäft mit dem Kopraexport von den deutschen Händlern übernahmen. Es entwickelte sich eine Kooperation der Administration mit den deutschen Plantageneignern, denen weiter an einer Ausbeutung ihres Landbesitzes und der indigenen Arbeiter gelegen war.[48] Bei allen gegenseitigen Abneigungen und Vorbehalten, beim Rassismus war man sich einig und wirtschaftliche Interessen haben ihre eigene Dynamik. Die neuen Administratoren übernahmen und verschärften die Kolonialgesetze ihrer Vorgänger und nahmen sich ihre Freiheiten als bewaffnete neue Macht. Die Anwerbung weiblicher Bewohner war aufgehoben worden und die Pflanzer konnten körperliche Züchtigung ungehindert betreiben.[49] Was der deutschen Verwaltung in vielen Jahren nicht gelang, erreichten die Militärs von 1914 bis 1920 in einer gnadenlosen Jagd nach einheimischen Arbeitskräften: eine Erhöhung der Zahl der Rekrutierten um 40%.[50] Auch die Statistiken spiegeln die Entwicklung wider. Die eingetriebene Kopfsteuer erhöhte sich um das Fünffache.[51] Die bepflanzte Fläche auf den deutschen Palmenplantagen hatte sich verdoppelt.[52] Der Kopraexport wurde in den 5 Jahren seit 1915 von 14.574 to auf 23.101 to gesteigert.[53]

Die deutschen Pflanzer hatten auf ein langes Verbleiben in einer neuen Kolonie gehofft und hatten kräftig in die Erweiterung ihrer Plantagen investiert. Aber sie hatten sich verrechnet. 1920 kam ihre Enteignung durch die „Expropriation ordinances" und danach wurden sie vertrieben. Die Besitzgüter gingen an australische Soldaten, Engländer und britisch-australische Gesellschaften. 294.730 ha Land mit 8 Millionen Palmen wechselten den Besitzer.[54] Die deutsche Kolonie Neuguinea gehörte endgültig der Vergangenheit an.

Abb.7: Kriegspropaganda im 1. Weltkrieg

Im deutschnationalen Taumel im Reich war man jubelnd an die Fronten gezogen, um den zum Feind erklärten Nachbarn zu bezwingen. Es wurde ein Gemetzel mit 17 Millionen Toten. Die Herrenrasse hatte ihre *„höhere Kultur und ihre sittlichen Begriffe"* unter Beweis gestellt. Für die Einheimischen in den Kolonien war die Niederlage

Deutschlands ohne befreiende Folgen. Es wechselten lediglich die Herren und die Unterdrückungs- und Abhängigkeitsverhältnisse blieben. Alles Deutsche wurde getilgt. Bis auf wenige Ausnahmen verschwanden die deutschen Ortbezeichnungen in Neuguinea von der Landkarte und wurden durch britische oder indigene Namen ersetzt.

1920 fanden Expeditionen in Wau in der Gegend bei Lae Gold. Ein wahrer Goldrausch begann und zog immer mehr Glückssucher an. Hunderte indigene Arbeiter wurden benötigt und mit aggressiver Rekrutierungspraxis herbeigeschafft. Mit dem Anbau von Plantagen, der Errichtung von Unterkünften und Versorgungseinrichtungen erlebte die Region einen raschen wirtschaftlichen Aufstieg. Bei Salamaua südlich des Markhamflusses fand man einen geeigneten Platz für eine Start- und Landebahn, um mit Transportflugzeugen möglichst schnell Gerätschaften und Personal vor Ort bringen zu können. Der kleine Ort Lehe erhielt den Namen Lae und wuchs bis Kriegsbeginn zur Kleinstadt.[55]   Mit dem 2. Weltkrieg wurden das Land und die einheimische Bevölkerung ein zweites Mal innerhalb von 30 Jahren in einen Gewaltexzess der rivalisierenden Herrenvölker hineingezogen. Die Kämpfe zwischen dem deutschen Bündnispartner Japan und den Alliierten verursachten in Neuguinea schwere Zerstörungen in den besiedelten Regionen und der Infrastruktur, vor allem auch in den Gebieten um die Missionsstationen auf der Huon-Halbinsel. 1941 hatten japanische Truppen das Gebiet von den Australiern erobert. Bei der folgenden Gegenoffensive der Alliierten ab 1943 mit starken US-Verbänden und Bombengeschwadern gab es an der Nordküste schwere

Kämpfe, vor allem auch bei Finschhafen und dem Sattelberg, ebenso an der Südküste der Huon-Halbinsel um Lae. Finschhafen wurde nach dem Krieg nicht wiederaufgebaut, sondern weiter südlich neben dem von den Japanern geschaffenen Militärflugplatz neu errichtet. Auch Lae war völlig zerstört worden.[56]

Die Unabhängigkeit Neuguineas war schon 1920 mit dem Versailler Vertrag und der Gründung des Völkerbundes vorgesehen gewesen. Nach dem 2. Weltkrieg wurde das Gebiet zusammen mit dem ursprünglich britischen Südteil weiterhin als australisch verwaltetes Treuhandgebiet geführt. Erst 1975 erhielt Papua-Neuguinea als Staat im Ostteil der Insel seine Unabhängigkeit mit Port Moresby als Hauptstadt. Der ehemals niederländische westliche Teil Neuguineas wurde 1963 gewaltsam von Indonesien eingegliedert.[57]

3. Die Neuendettelsauer Mission in Neuguinea

Der mühsame Anfang

Parallel zur deutschen Kolonisierung der Südsee wurden gleich mehrere Missionsgesellschaften im neuen Gebiet aktiv. Man wollte nicht versäumen, auf den fahrenden Zug aufzuspringen. Im Kolonialregister von 1912 werden für Neuguinea allein 9 aufgeführt, im Kaiser-Wilhelms-Land vornan die *„Gesellschaft für innere und äußere Mission im Sinne der lutherischen Kirche (Neuendettelsauer Mission)"* sowie die ebenfalls lutherisch ausgerichtete *„Rheinische Missionsgesellschaft"*.[58] Die Neuendettelsauer Mission, 1849 von Wilhelm Löhe gegründet, hatte sich die Huon-Halbinsel im östlichen Teil des Kaiser-Wilhelms-Landes als Bekehrungsregion vorgenommen. Als erfahrenem Pionier wurde dem Missionar Johann Flierl von Neuendettelsau die Leitung der Missionsarbeit in Neuguinea anvertraut. Er hatte sechs Jahre in Südaustralien unter den Aborigines gearbeitet und äußerte länger schon den Wunsch, in Neuguinea Heiden bekehren zu können.[59] 43 Jahre sollte seine missionarische Tätigkeit dort andauern und er war in dieser Zeit unbestrittener und charismatischer Führer.

Finschhafen – es wurde Haupteingangstor zum Festland Neuguineas. Sowohl die Neuguinea-Kompagnie wie auch die Lutherische Mission Neuendettelsau hatten hier ihren ersten Stützpunkt und für zahlreiche Expeditionen aller Art war es Basisstation. Für die Lutheraner war der Ort über Jahrzehnte Zentrum und Drehscheibe der missionarischen Expansion. Die Geburtsstunde des Ortes sei im Folgenden deshalb etwas ausführlicher beschrieben, zumal auch meine Mutter hier das Licht der Welt erblickte.

Die Neuguinea-Kompagnie, im Folgenden auch kurz NGK genannt, hatte 1885 Finschhafen als ersten Sitz ihrer zentralen Verwaltung auserkoren, und es war zugleich der erste kolonialistische Besiedlungsschritt im Kaiser-Wilhelms-Land. Die Lage am Huon-Golf schien ideal. Eine dem Festland vorgelagerte langgestreckte Halbinsel schirmte die Bucht von Osten her ab und bildete so einen idealen Ankerplatz für Schiffe. Zudem sorgte die Seebrise für etwas Annehmlichkeit angesichts des tropischen Klimas. Ein Inselchen in der Bucht mit Namen Madang (Holz-Insel) wurde als Platz für die ersten Gebäude ausgewählt. Den Zugang zum Land erlaubte eine schmale Sandbank.[60]

Am 5. November 1885 rückte der erste Bautrupp an: Fünf Angestellte der Kompagnie, zwei Förster, ein Gärtner, ein Offizier im Ruhestand und ein Naturforscher, sowie 37 Malaien. Sie fällten Bäume, bereiteten das Terrain und errichteten in kürzester Zeit Unterkünfte für Verwaltungspersonal, Arbeiter und Gäste sowie Lagerstätten für die Ausrüstungen und den Proviant, teilweise auch auf dem gegenüber liegendem Festland. Die Residenz des Landeshauptmanns, das Verwaltungsgebäude u.a. entstanden am Ufer auf der Halbinsel, die sich Salankaua nannte.[61] Anfang 1886 trafen weitere Fachkräfte ein, ein Arzt, ein Ingenieur, zwei Jäger, ein Gärtner und ein Koch mit seiner Frau. Bis zum Sommer waren 16 Gebäude, darunter auch eine Kantine mit Küche und eine Bäckerei errichtet. Ställe für die Tiere standen bereit. Die Verbindung zwischen Insel und Festland war mit einem Steindamm befestigt und der Hafen mit Bootsschuppen und Anlegestellen für größere Personen- und Handelsschiffe ausgebaut. In Butaueng, ein paar Kilometer südlich von Finschhafen, entstand eine Nebenstation für die Anlage von Gärtnereien und Plantagen. Eine dampfbetriebene Sägemühle konnte bald ihren Betrieb aufnehmen und zwei Krankenstationen waren in Planung, eine für Weiße und eine für die Arbeiter.[62] Die einheimische Bevölkerung beobachtete das Geschehen auf dem vormals eigenen Land argwöhnisch. Für mehr als einen Tag Gelegenheitsarbeit im Tausch gegen Eisenwerkzeuge oder anderes waren sie jedoch nicht zu haben. Zur Unterstützung bei den Aufbauarbeiten und der Plantagenbestellung wurden so weitere Arbeitskräfte von den melanesischen Inseln rekrutiert.[63] Zur Jahresmitte 1886 lebten in Finschhafen ca. 40 Europäer und 300 Melanesier. Das Headquarter der Neuguinea-Kompagnie musste in aller Eile aufgebaut werden, denn der neu ernannte Landeshauptmann von Deutsch-Neuguinea, Georg von Schleinitz, hatte sein Kommen angekündigt.[64]

Er traf dann am 10. Juni 1886 mit seinem Gefolge in Finschhafen ein, dabei seine Frau und seine 4 Kinder. Sie betraten einen verdreckten Ort mit noch viel Provisorischem und für die Gesundheit ein Graus.[65] Alkohol füllte die Freizeit der Angestellten und ertränkte den Frust vieler.[66] Der Australier Hans J. Ohff schreibt: *„Die erste Grenzstadt Deutsch-Neuguineas war bestenfalls ein Ort für Junggesellen. Rauh und dreckig, wo der tägliche Monsun die Exkremente in die offenen Abflüsse spülte, befallen von Moskitos."*[67] Alle Europäer hatten bislang Fieberattacken erlitten. Von Schleinitz' Familie musste vorübergehend in einem Notquartier auf einem Transportschiff wohnen, ohne Möbel und private Utensilien, die noch auf dem Weg von Deutschland waren. Die Kinder erkrankten innerhalb weniger Wochen und seine Frau starb ein halbes Jahr später an Diphtherie. Drei Monate später verstarb sein Diener

Abb.8: Johann Flierl
(1858 – 1947)

an Malaria. Der Privatlehrer setzte sich nach Japan ab. Schleinitz selbst hielt sich nur wenig in Finschhafen auf, aber schon 1888 musste er selbst wegen schlechter Gesundheit nach Deutschland zurück. Er nahm seine kranken Kinder mit und seine Amtszeit war nach 18 Monaten zu Ende.[68]

Am 12. Juli 1886, nur 4 Wochen nach dem Einzug des Landeshauptmanns, ging Johann Flierl als 28-Jähriger vom nordaustralischen Cooktown kommend in Finschhafen an Land. Er war von der Neuguinea-Kompagnie nach einiger

Verzögerung eingeladen und durfte kostenlos 1. Klasse fahren. Die Anfahrt auf den Hafen erlebte er voller Euphorie: *„Am folgenden Tag vergoldete die Morgensonne die üppig grünen Höhenzüge des lang ersehnten Landes. "*[69] Er durfte in einem Zimmerchen in einer kleinen Holzhütte wohnen. Seine vielen Kisten hatten auch einen Ort gefunden. Essen konnte er in der „Speiseanstalt" der NGK zu sich nehmen.[70] Anderes schien ihm nicht berichtenswert. Zufrieden stellt er fest: *„So konnte ich, ungehindert durch Äußeres, meiner ersten und nächsten Aufgabe nachkommen: Land und Leute von Neuguinea etwas kennen zu lernen. "*[71]

Angesichts des bedrückenden Schicksals der Familie des Landeshauptmanns und der Verhältnisse an einem unwirtlichen Ort ist der Kontrast zur vermittelten Wahrnehmung und der bekundeten Gefühlslage Flierls verstörend. Die dramatischen Verhältnisse konnten ihm nicht entgangen sein.[72] Eine oft schwärmerische, scheinbar von Bigotterie geprägte und vermeintlich ignorante Sichtweise war charakteristisch für viele missionarische Erzählungen. Ihre Geschichtsschreibung bewegte sich in einem Korridor voller Verklärung, Euphorie und Erfolgsrhetorik, der den Blick darüber hinaus nur bei Berührung der eigenen Belange erlaubte. Deshalb wäre auch die Unterstellung einer mangelnden Empathie bei Flierl eine Fehldeutung.

Flierl tat, was er vorhatte. Er nutzte die zwei Monate seines Aufenthaltes zur Erkundung der Gegend und zu ersten Kontakten zu den Bewohnern des Yabim-Volkes.[73] Diese lebten im Umkreis in Küstennähe in Dörfchen mit

50 bis 100 Einwohnern. In deren Gebiet sollte eine erste Missionsstation in Simbang gegründet werden. Simbang ist ein kleines Dorf an der Mündung des Bubui (Mape River) am nördlichen Ufer der Langemakbucht, von Finschhafen in südlicher Richtung keine zwei Stunden entfernt. Unterstützung erhielt Flierl von Missionar Karl Tremel, der wenige Wochen nach dem Pionier in Finschhafen ankam. Leute von der NGK brachten das Gepäck mit dem Boot zum neuen Standort.[74] Bei den Dorfbewohnern von Simbang stießen die beiden sofort auf Misstrauen und Ablehnung, als diese bemerkten, dass sie sich auf ihrem Gebiet niederlassen wollten. Sogar in eine lebensbedrohliche Situation geriet er. Ein Dorfbewohner hatte ihn mit einem Beil bedroht.[75] Die Leute in Simbang, zum Teil Zugezogene bzw. Vertriebene aus Finschhafen, konnten bereits Erfahrungen mit den weißen Eindringlingen von der NGK sammeln. Sie hatten die Bewohner in Finschhafen von ihrem Land verdrängt und entsprechend behandelt. Die neuen Ankömmlinge hielten sie für deren Kumpane. Flierl zeigte Verständnis: *„Sie konnten ja noch nicht wissen, was für ein hohes Gut wir ihnen bringen wollten, und sie fürchteten eben für ihre Existenz.“*[76] Viele Geschenke und entgegenkommendes Verhalten waren vonnöten, um bei den Einheimischen die Feindseligkeit und das Misstrauen abzubauen.[77] In der Folgezeit gab es auch weiterhin *„Ausschreitungen“* und so war es für die Missionsleute in der gespannten Lage einigermaßen beruhigend gewesen, mit der NGK die Kolonialmacht in der Nähe zu wissen.[78] Zu diesem Zeitpunkt gab es noch keine Polizeitruppen in der Niederlassung, aber die Beamten waren bewaffnet. 60 ha

Land bekam die Mission von der NGK bei Simbang „bewilligt".[79] Der Widerstand der Dorfbewohner hatte gezeigt: Die Aneignung des an die Mission übertragenen Landes in Simbang erfolgte wie andernorts auch mit Täuschung und Hinterhältigkeit. Mit dem Aufbau der Station konnte nun begonnen werden. Es wurden ein paar Unterkünfte, ein Kirchlein und eine Schule errichtet, vorerst in einfacher Bauweise aus landesüblichem Material. Weil von den Simbang-Leuten keine relevante Hilfe zu erwarten war, ließ Flierl einige junge einheimischen Burschen aus einer Methodistengemeinde in Neu-Lauenburg im Bismarck-Archipel zur Unterstützung kommen. Nach fünf Monaten konnten die missionarischen Pioniere ihren ersten befestigten Wohnraum beziehen und in gezimmerten Betten schlafen.

Im Jahr 1887 traf Georg Bamler als dritter Missionar ein und 1889 wurde eine zweite Missionsstation auf der Insel Tami im Huon-Golf, sieben Seemeilen südlich von Finschhafen entfernt, gegründet. Karl Tremel und Georg Bamler übernahmen die dortige Station. Die Tami waren die einzige Gemeinschaft in der Region, die sich vom Fischfang ernährte. Mit ihren gekonnt gebauten Ausleger-Kanus fuhren sie Hunderte von Kilometern die Küsten auf und ab und trieben regen Handel. Von Neuendettelsau kamen weitere Missionare, Johann Decker, Georg Pfalzer, Konrad Vetter, Johann Ruppert, Friedrich Held und Andreas Zwanzger, teilweise mit ihren Frauen.[80]

Doch die Arbeit erwies sich als schwierig und Fortschritte in der Missionierung stellten sich kaum ein. Hinzu kamen die widrigen klimatischen Verhältnisse mit dem Risiko, an tödlichen Krankheiten wie Ruhr oder Malaria zu versterben. Ruppert, Held, Vetter und seine Frau überlebten ihre Erkrankung nicht. Flierl selbst hatte seit seiner Ankunft alle zwei Wochen einen Fieberanfall, oft heftig, mit tagelangem Brechwürgen, aber glücklicherweise gutartig. Das fiebersenkende Chinin gehörte für alle Missionsangestellten zur regelmäßigen Medikation. 1888 holte Flierl seine Frau von Südaustralien nach Simbang. Auch sie blieb vom Malariafieber nicht verschont.[81] 1890 entschlossen sich die Missionare, aus gesundheitlichen Gründen die Station Simbang ein Stück landeinwärts auf einen luftigen Hügel zu verlegen.

Eine verheerende Malariaepidemie wütete in den Jahren 1989-91 an den Küsten des Kaiser-Wilhelms-Landes. Nahezu die Hälfte aller Europäer fiel ihr zum Opfer. Bei der NGK verstarb ein Drittel der europäischen Angestellten. Ein weiterer Teil musste wegen Erkrankung frühzeitig den Dienst beenden.[82] Allein in Finschhafen verstarben 30 Europäer, darunter der damalige Zentralverwalter der NGK in Kaiser-Wilhelms-Land, Hans Arnold, sein Stellvertreter, der einzige Doktor am Ort und mit Ihnen 8 weitere Angestellte der NGK sowie 30 melanesische Arbeiter.[83] Die Niederlassung und die Außenstelle Butaueng wurden panikartig geräumt und die NGK zog sich mit ihrer Zentrale weiter nördlich zunächst in die Interimsstation Stephansort, dann nach Friedrich-Wilhelmshafen (Madang) zurück. Sogar der berühmte Robert Koch wurde von der Reichsregierung hierhergeschickt, um Forschungen über die Ursachen anzustellen.[84] Derweil hatten die Einheimischen zusätzlich unter den Infektionskrankheiten zu leiden, die von den Weißen eingeschleppt wurden und gegen die sie keinerlei Immunität gebildet hatten. Allein von Grippeepidemien wurden häufig halbe Dorfbevölkerungen dahingerafft. Die Schilderungen der Missionare zeugen von einem dramatischen Geschehen.[85]

Die Mission entschied sich trotz aller gesundheitlichen Risiken, mit ihrer Mannschaft auch nach 1891 im Finschhafener Raum zu bleiben. Unerschütterlicher Glaube, Glaube an Präsenz und Beistand Gottes, ließ die Missionare alle Bedenken beiseiteschieben. Der Entschluss sollte für sie von Vorteil sein. Die Distanz vom Verwaltungsapparat und der mit rohen Methoden arbeitenden NGK begünstigte die Akzeptanz der Missionare bei den Bewohnern, waren sie doch bemüht, sich als Gegner kolonialer Gewalt präsentieren zu können. Flierl unterstützte wenige Monate vor dem Exodus der NGK eine Kampagne des kaiserlichen Kommissars Fritz Rose[86] gegen den Finschhafener Stationsmanager Julius Winter. Dieser stand wegen rigoroser Bestrafungspraxis auch aus Sicht der Kolonialverwaltung einer Befriedung der Einheimischen im Wege und er wurde letztlich abgesetzt.[87] Einen Vorteil durfte sich die Mission bei Verbleiben im Finschhafener Gebiet auch von den dortigen Besitzverhältnissen, dem präparierten Gelände und der vorbereiteten Infrastruktur erhoffen. Viel war es nicht, denn die NGK hatte bei ihrer Umsiedlung nach Kaiser-Wilhelms-Hafen alle Gebäude, Ausrüstungen und Viehbestände mitgenommen. Sie war aber bei ihrem Abzug der Mission entgegengekommen und hatte mit einer Anlegestation in Simbang eine Erhaltung der Schifffahrtsverbindungen direkt aus dem Missionsgebiet ermöglicht.[88] Allerdings war der Finschhafener Zugang zum Meer weitaus attraktiver. Der Ort und die fruchtbaren Ländereien waren im Besitz der NGK und es war offen, was mit ihnen nach der zu erwartenden Freigabe geschehen würde. Hier eine evtl. Gelegenheit abzuwarten war durchaus nachvollziehbar. Ein Stück Land hatte die Mission während der verwaisten Periode am Finschhafen erworben und dort eine Unterkunft für umliegende Dorfbewohner errichtet. Jahre später wurde dort die Station Pola gegründet.[89]

Abb.9: Teilansicht Station Sattelberg um 1915

Nachdem das erste Kind Flierls erkrankte, wollte seine Frau nicht länger an einem gesundheitlich unsicheren Ort wie Simbang leben. Flierl, ohnehin um Ausdehnung des Missionsgebiets bemüht, wählte eine Anhöhe im Hinterland, nordwestlich von Finschhafen und rund 900 m hoch gelegen, den Sattelberg. Der Ort war noch unerschlossen, unberührt von der NGK und lag in ausreichender Entfernung von Dörfern der Einheimischen. Flierl war nun derjenige, der fremdes Land in Besitz nahm, auch wenn sich die Mission formell den Besitz von mehr als 500 ha des „herrenlosen Landes" von der Kolonialverwaltung bestätigen lassen musste. Bei der Errichtung der Station wurde Flierl von den Missionaren Hoh und Pfalzer unterstützt. Die Rodung der Kuppen auf der Anhöhe erfolgte mit Hilfe Einheimischer. Neben zuverlässigen Yabim-Leuten aus Finschhafen und Simbang wurden auch Arbeitskräfte herangezogen, die bereits für die Neuguinea-Kompagnie gearbeitet hatten und Buschmesser, Äxte und Beile mitbrachten. Flierl berichtet, sie seien mit *„viel Dienstwilligkeit"* und Spaß beim Hantieren mit den Werkzeugen zu Werke gegangen. Jeder krachend umstürzende Baum führte zu Jubel- und Gesangsausbrüchen.[90] Indes war die Heranziehung der Einheimischen in der Funktion als Träger der Lasten, als Sicherheitspersonal, als Holzarbeiter und Transporteur der Stämme keineswegs ohne Risiken und Spannungen. Ohne Bezahlung und attraktive Geschenke ging prinzipiell nichts und doch war nie sicher, ob sie friedfertig bleiben und ihre Dienste auch am Folgetag noch leisten würden. Beim mühevollen Auf- und Abstieg trafen sie auch auf Einheimische, die zwischen dem Sattelberggebiet und der Küste Tauschhandel mit europäischen Waren betrieben und die den Neuankömmlingen nicht unbedingt wohlgesonnen waren. Wie schon an der Küste, so war Diebstahl ein großes Problem.[91] Häufig wurden Flierls Kisten aufgebrochen und Werkzeuge, Küchenutensilien, Kleider u.a. wichtige Güter gestohlen. Auch aus den Nachbardörfern im Hinterland kamen bewaffnete Bewohner und trachteten nach den begehrten Gütern. Schließlich musste sich Flierl selbst bewaffnen und die errichteten Häuser und Unterkünfte auf dem Sattelberg wurden zur Sicherheit mit Pfählen umgeben.[92] Zusätzlich waren von der NGK gemietete zuverlässige Melanesier zur Bewachung der neuen Ansiedlung nötig, zumal Flierls Frau mit den vier Kindern sich mittlerweile auf dem Sattelberg niedergelassen hatte. Flierl schilderte in seinen Berichten die Transportschwierigkeiten, die Probleme und Risiken sehr anschaulich. Von seiner Bewaffnung allerdings erzählte er nichts, hatte sich jedoch dem Missionsdirektor Johannes Deinzer[93] in Neuendettelsau anvertraut. Ein bewaffneter Missionar passt nicht ins Bild. Doch mit Diebstählen mussten sich die Missionare noch lange Jahre herumschlagen.[94]

Mit dem Sattelberg hatte die Mission nun eine Ansiedlung in prächtiger Aussichtslage mit Blick auf das Meer, die vielen Inseln und das vorgelagerte Neupommern errichtet. 1892 war dann das Gründungsjahr der Missionsstation Sattelberg und sie entwickelte sich zu einem Hauptort der Neuendettelsauer Mission. Eine Gesundheitsstation wurde geschaffen, später dann eine Schule und eine ausgedehnte Landwirtschaft betrieben. Zur schnelleren Verbindung zur Küste wurde ein 24 km langer befestigter Weg gebaut. Georg Pfalzer, Konrad Vetter und Adam Hoh übernahmen die Station in Simbang. Johann Decker und Andreas Zwanzger unterstützten ab 1895 Johann Flierl auf dem Sattelberg. Der Name Sattelberg war fortan jedem Missionsangehörigen geläufig und prägte die Geschichte der Missionierung im Kaiser-Wilhelms-Land auch nach Ende der deutschen Kolonialzeit.[95] 1901 besuchte der damalige Gouverneur von Deutsch-Neuguinea, Herr von Bennigsen, eine Woche lang die neue Ansiedlung und war voll des Lobes. Man glaube, *„die gut gehaltene Farm eines fleißigen deutschen Ansiedlers vor uns zu haben"*. Flierl habe *„es in selten glücklicherweise verstanden, seine Missionsstation gleichzeitig auch zu einer wirtschaftlich vorbildlichen Anlage zu machen."* [96] Als angesehene Gesundheitsstation machte sich Sattelberg auch außerhalb von Missionskreisen einen Namen. Das Erdbeben von 1906, dem an der nördlichen Küste durch den ausgelösten Tsunami viele Bewohner, auch Europäer, zum Opfer fielen, hat sich bis hier oben ausgewirkt und einige Schäden verursacht.[97]

Als Verkehrssprache hatten sich die Missionare auf Yabim geeinigt, eine Sprache der Eingeborenen um Simbang und die südlichen Huon-Küstengebiete. Man machte sich an die mühsame Arbeit, die Bibel und andere Schriften zu übersetzen, denn Yabim sollte auch an den Schulen gelehrt und Verständigungsgrundlage werden. Später wurde als zweite Sprache Kate hinzugezogen, die in den Regionen nördlich und nordwestlich von Finschhafen im bergigen Hochland verbreitet war.[98]

Die Mission als kolonialistischer Unternehmer

Es dauerte sieben Jahre, bis 1899 in der Region Bukaua an der Südküste der Huon-Halbinsel die Gründung einer neuen Station beim Kap Gerhard am Hänischhafen in Angriff genommen werden konnte. Die Station hieß Deinzerhöhe, benannt nach dem inzwischen verstorbenen Missionsinspektor von Neuendettelsau. Diese Filiale übernahmen die Missionare Georg Bamler, Johann Decker und Stephan Lehner. Zur Verkürzung der Zugangswege für Einheimische zu den Missionsstationen wurde zwischen Simbang und Deinzerhöhe 1902 eine Zwischenstation gebaut und entsprechend ihrer Lage Yabim benannt. Die Leitung übernahm Missionar Ernst Hansche. Von Neuendettelsau kam Christian Keyßer nach Neuguinea und verstärkte die Mannschaft auf dem Sattelberg. 1903 entstand

Abb.10: An der Bucht von Finschhafen

die Niederlassung in Wareo in den Wamora Bergen, mehrere Stunden Fußweg nördlich von Sattelberg und in luftiger Höhe auf 700 m gelegen. Sie sollte neben Sattelberg auch eine Erholungsstation werden. Mitten im Gebiet der Kai gelegen, war sie die dritte zentrale Station und zugleich der Start der Missionsarbeit im bergigen Hinterland. Missionar Andreas Zwanzger war der Stationsleiter.[99]

1901 tat sich wieder das Tor auf nach Finschhafen. Die NGK kam nach zehn Jahren wieder zurück, allerdings ohne Beamtenapparat, denn sie hatte ihre Hoheitsrechte an das Reich zurückgegeben. Sie war als rein wirtschaftlicher Unternehmer nun am Landverkauf und an Gewinnen aus Kokospalmen interessiert. Eine Plantage wurde angelegt und sie nahm auch den Hafen in Finschhafen wieder in Betrieb, wo nun die Dampfschiffe wieder anlegten. Für die Mission war die Entwicklung eine *„Erleichterung und Erlösung"*. Sie konnte nun ihre Depots und Anlegestellen von der Langemakbucht an die neue Örtlichkeit verlegen und *„gegen mäßiges Entgelt"* auch ihre Güter abfertigen lassen.[100] 1903 erfolgte die Errichtung der Station Pola am Finschhafen. Dort wurden ankommende Waren gelagert und auf die Stationen verteilt. Auch der Personenverkehr der Mission hatte seine Anlegestelle und das 1907 neu erworbene Zweimastschiff „Simbang" erleichterte den Transport. Pola wurde offiziell eine kaiserliche Poststelle.[101] Nach wie vor waren Briefe und Nachrichten auf dem Schiffsweg sechs Wochen unterwegs nach Deutschland. In der Folgezeit kaufte die Mission von der NGK weitere Grundstücke und das Land für eine Plantage auf der Halbinsel Salankaua, für die die Station Pola die Zuständigkeit übernahm. Missionar Georg Pfalzer war Vorsteher mit Unterstützung durch Johann Ruppert. Nach Simbang kamen an seiner Stelle die Pastoren Georg Pilhofer und Ernst Schnabel.

Mit Pola-Finschhafen hatte die Mission ihr neues administratives und wirtschaftliches Zentrum. Den gesundheitlichen Nachteil nahm man in Kauf. Nach wie vor wurde das Missionspersonal an der Küste regelmäßig durch Malaria verursachte Fieberattacken heimgesucht, und ohne Chinin und Erholungspausen in den Höhenstationen wurde jeder Aufenthalt zum lebensbedrohlichen Risiko.[102]

Johann Flierls Vision war die Erschaffung eines Missionsgebietes mit weitgehender Selbstständigkeit und Selbstversorgung. Der Anlegung von großen Palmenplantagen wurde größte Bedeutung beigemessen. Das gewonnene Kopra war auf den Weltmärkten begehrt. Missionar Georg Pilhofer: *„Man wollte der einheimischen Bevölkerung eine Verdienstmöglichkeit verschaffen, und gleichzeitig versuchte man, auf diese Weise finanzielle Hilfsquellen für das Missionswerk im Lande selbst zu gewinnen."* Die Erfolgsaussichten waren vielversprechend. Denn, so Pilhofer weiter: *„Die Papua strebten mit Macht aus ihrer Steinzeit heraus und wollten in den Besitz der nötigsten Eisenwerkzeuge und sonstigen Gebrauchsgegenstände gelangen. Dazu gab es, von Ausnahmen abgesehen, nur einen Weg, nämlich sich auf mehrere Jahre für eine Arbeit in der Ferne anwerben zu lassen. Dieser Weg war aber für gewöhnlich nur für ledige junge Männer gangbar. Eine Missionspflanzung dagegen bot auch der umwohnenden Dorfbevölkerung Gelegenheit, ohne längeren Arbeitsvertrag eine beliebige Anzahl von Wochen auf ihr zu arbeiten."* [103]

1904 war die Missionsstation Heldsbach gegründet worden. Sie lag an der Küste 5,8 km entfernt etwas nördlich von Finschhafen am Fuße des Sattelberg. Ihr Name geht auf den wenige Jahre zuvor an Malaria verstorbenen Missionar Friedrich Held zurück. Von der Kolonialverwaltung kaufte dort die Mission 500 ha Land für Plantagen, Ackerbau und Viehzucht. 60 - 80 Arbeiter waren auf dem agrarwirtschaftlichen Großbetrieb beschäftigt. Ferner hielt man auf der Station 90 Rinder, 60 Schweine und 20 Pferde. 1913 hatte das Wirtschaftsunternehmen eine Größe erreicht, dass es eines hauptamtlichen Leiters bedurfte. Kaspar Döbler war auf dieser Position von 1913 bis 1939.[104]

Der große Wurf gelang 1908. Die NGK wollte sich wegen zu großer Entfernungen zu ihrem Zentrum in Madang ganz aus Finschhafen zurückziehen. Die Mission zögerte nicht lange und kaufte die angebotenen 800 ha Land mit insgesamt 27.000 Bäumen. Viel Geld war dafür aufzubringen. In Neuendettelsau wurde eigens für den Erwerb eine Sammelaktion gestartet. Nicht nur die Plantagen waren für die Mission Anlass zur Freude. Auch das Land und die Küstenlinie um Pola gehörten nun der Mission. Flierl triumphierte: *„So besitzen wir nun einen sicheren Hafen für unsre Landungs- und Lagerstation und haben im alten Mittelpunkt unsers Arbeitsfeldes eine gesicherte Stellung. Es sagt jedermann in der Kolonie, dass wir den Finschhafen zu rechter Zeit gekauft und daran wohlgetan haben.“*[105] Der Kauf der Plantagen und Land um Finschhafen beendete zugleich die Präsenz der NGK auf der Huon-Halbinsel.

Wie in Heldsbach so war auch auf der großen Kokospflanzung in Finschhafen (Salankaua) eine hauptberufliche Leitung notwendig. Anfangs übernahm der Deutsch-Australier Paul Helbig diese Aufgabe. 80 - 100 Arbeiter waren dort beschäftigt.[106] In Timbulin am südlichen Ufer der Langemakbucht wurden 10.000 Palmen gepflanzt. Später dann in Malahang 20.000.[107] Für alle weiteren Stationen an der Küste galt die Anweisung, wenigstens 1.000 Pflanzen und 100 Stück Vieh zu halten. Flierl: *„Unter wohlwollendem Entgegenkommen der Kolonialregierung erwarben wir für alle unsere Stationen ausreichend Landbesitz, in der Regel 100 ha (...).* "[108] Nicht immer waren die Böden für die Pflanzungen optimal, aber der Ehrgeiz, hier unter Ausnutzung der Papuas nicht nur die Selbstversorgung zu garantieren, sondern auch Gewinne zu erwirtschaften war, beeindruckend.

Abb.11: Kokuspalmenplantage in Heldsbach

Trotz Widrigkeiten, auch bei der Arbeiterrekrutierung, ging es voran mit der wirtschaftlichen Entwicklung bei der Mission. 1912 konnte man sich erstmals ein motorisiertes Schiff leisten und erwarb die „Bavaria", die fortan zeitlich die maritimen Verbindungswege zwischen den Stationen und zu den Zufuhrhäfen im Kolonialgebiet erheblich verkürzen konnte. Der bisher genutzte Schoner „Simbang" wurde nur noch für kleinere Versorgungsfahrten und bei seetauglichem Wetter genutzt.[109]

Johann Flierl selbst zog sich nach Heldsbach zurück und Christian Keyßer wurde auf dem Sattelberg die Leitung übertragen. Ende 1906 konnte die Neuendettelsauer Mission 10 Stationen vorweisen, mit insgesamt 20 Missionaren und 2 unverheirateten Missionarinnen.[110]

Mit der erfolgreichen Ausdehnung ihrer Niederlassungen im Huon-Gebiet, ihrer Offensive zum Landkauf für Kokosplantagen und zum Ausbau der Verkehrsinfrastruktur verschaffte sich die Mission den Status eines kolonialistischen Unternehmers. Ganz wie ein kapitalistischer Arbeitgeber beschäftigte sie einheimische Arbeitskräfte auf ihren Plantagen, in der Landwirtschaft, im Transportwesen und den Haushalten der Missionare.[111] Was der Historiker Hans Gründer in seiner Analyse allgemein formuliert, kann man der Neuendettelsauer Mission durchaus vorhalten: *„Manche Missionsstationen glichen Herrschaftsbereichen, in denen der ‚Hörige' zwar formaljuristisch frei war, aber ökonomisch in einem Untertanen- und Abhängigkeitsverhältnis stand. Als Großgrundbesitzer, Pflanzer oder Handelsherren praktizierten die Missionen vielfach eine quasikapitalistische ‚Ausbeutung'."*[112]

Die Neuendettelsauer Lutheraner waren jedoch unter den Missionsgesellschaften mit Blick auf die Besitzverhältnisse im Südseeraum keine Ausnahme. Die katholische Steyler Mission (Gesellschaft des Göttlichen Wortes) hatte als einer der größten Landbesitzer in der Kolonie 1904 mehr Kokospalmen auf ihren Plantagen wie die NGK. 600 bis 700 Arbeiter waren bei ihr beschäftigt. Die ebenfalls katholische Hiltruper Mission (Mission vom Heiligen Herzen) war auf der Gazellen-Halbinsel mit 1.100 ha Land der drittgrößte Plantagenbesitzer. Im Bismarck-Archipel hatte die Herz-Jesu-Mission 3.463 Land im Besitz, davon 1.163 ha mit Kokospalmen bepflanzt und von 500 indigenen Arbeitern bewirtschaftet.[113]

Abb.12: In einem Papuadorf

Der späte Beginn des Bekehrungserfolges

Erst 1899, 13 Jahre nach Flierls erster Stationsgründung und anschließender mühsamer Arbeit vieler Pastoren gelang es, zwei „Heiden" zu taufen. Missionar Georg Pfalzer wurde die Ehre zuteil. Ihre indigenen Namen durften die beiden Burschen nicht behalten. Sie hießen fortan Tobias und Silas, Namen aus der Bibel. Missionar Adam Hoh: *„Der heidnische Name (...) hat meist wenig Sinn, besagt entweder irgendetwas Gleichgültiges, oder es liegt ihm, was nicht selten der Fall, eine unschöne Bedeutung zu Grunde"*.[114] Später dann ließ man davon wieder ab.

Wenn man von einem Aufschwung der Missionsarbeit sprechen kann, so fand er in den Jahren nach 1904 statt. Es schien ein neues, unter den Missionaren nicht unumstrittenes Konzept Früchte zu tragen, für das sich Missionar Christian Keyßer stark gemacht hatte.[115] Nicht mehr einzelne Individuen versuchte man zur neuen Religion umzuerziehen, sondern setzte auf die Gewinnung ganzer Dorfgemeinschaften und die Zelebrierung festlicher Massentaufen. Der von der neuen Religion angesprochene Einzelne war dadurch in der Dorfgemeinschaft nicht mehr isoliert und dem Gruppendruck und möglichem Rückfall ausgesetzt. Die bisherigen kollektiven heidnischen Rituale im Dorf wollte man instrumentalisieren für die „überlegenen" christlichen. Jedenfalls wuchs die Zahl der Täuflinge durch die Gruppenevents, auch wenn zugegeben wird, dass nicht wenige *„ohne gefestigten christlichen Glauben"* dabei waren.[116] Das neue Konzept wird nicht nur in den Missionsschriften zur Erklärung der für die Missionare positiven Entwicklung angeführt.[117] Der Erfolg hatte sich aber auch eingestellt, weil es gelang, immer mehr Einheimische mit Geld und anderen begehrten materiellen Dingen anzulocken und zur Arbeit zu bewegen.[118] So durften sich auch die Missionsstationen über eine wachsende „Nachfrage" und Zufuhr von Bekehrungskandidaten erfreuen. Mit etwas Lohn konnten sich die zumeist jungen

Burschen etwas erfüllen, was ihnen sonst versagt blieb. So ergab sich *„die Möglichkeit, Eingeborene zu länger dauerndem Aufenthalt auf der Station heranzuziehen und sie unter den Einfluss der Missionare zu bringen."*[119]

Die missionarische Pädagogik bestand darin, den jungen indigenen Burschen mit und neben der Arbeit durch Schulunterricht das Christentum und „Zivilisation" beizubringen.[120] *„In Simbang müssen die zur Arbeit gemieteten Jungen, soviel ihrer noch dazu fähig sind, die Schule besuchen. Ebenso ist es auf dem Sattelberg und in Deinzerhöhe."*[121] Die jungen Papuas konnten einem leidtun. Stolz berichtet Missionar Georg Pilhofer, wie erfolgreich sie waren mit ihrem Zwangssystem: In den sog. Kostschulen von ihren Eltern getrennt, durften sie ab früh morgens Schulunterricht und Bibelverse büffeln, *„dann eine halbstündige Unterbrechung"* und nachmittags auf den Feldern arbeiten, denn *„die Schüler mussten sich ihren Unterhalt selber erarbeiten. Der Abend diente der Vorbereitung für den Unterricht des nächsten Tages"*.[122] Man glaubt es kaum, aber nicht einmal Fußballspielen, das sie für sich entdeckt hatten, war ihnen vergönnt worden. Man hielt dieses für *„recht unliebsame Zivilisationseinflüsse"*. Auch jegliches Tanzen war untersagt.[123] Wer nicht parierte, musste mit Prügel rechnen. Missionar Konrad Vetter: *„Ohne Zucht und Züchtigung bei Ungehorsam, Lüge und dergleichen Vergehen könnten wir freilich auch nicht bestehen. Die Liebe muss manchmal die Gestalt der Strenge annehmen, zumal wenn zu große Milde als Schwäche gedeutet wird."*[124] Ungewöhnlich freimütig und mit unterschwelliger Belustigung berichtet der in Neuendettelsau ausgebildete und im nordaustralischen Hermannsburg tätige Missionar Carl Strehlow: *„Als diese Faulheit immer mehr überhandnahm, gebrauchte ich zuerst den Stock. Für einige Zeit erreichte diese Methode den gewünschten Zweck. Sie versuchten dann die Wirkung von dieser durch mehrere angelegte Tücher, eines über dem anderen abzumildern. Eines Tages, ich kam in der Schule an; es war ein heißer Sommertag und der Schweiß rann aus allen Poren. Da, einige der Jungen saßen auf Ihren Bänken, angezogen als ob es eiskalt wäre... natürlich sind dies die Missetäter, die die Schule schon einige Tage schwänzten und sich bereits auf die zu erwartende Strafe vorbereitet hatten.“*[125] Bisweilen wurden die indigenen Gemeindemitglieder selbst gerufen, um Züchtigungen vorzunehmen. Missionar Neumeyer: *„Eine Delegation von Sattelberg hat einmal einen Stock mitgebracht, ihn auch benützt, und das war gar nicht so ohne.“*[126] Nicht zufällig zeigen sich auf nahezu allen mir bekannten Gruppenfotos von Papuas aus dieser Zeit nur ernsthafte, irgendwie gequälte Gesichter ohne jegliche Freude. Mag sein, es ist dies eine Fehlinterpretation.

Über die erfolgreiche „Zucht“ auf den Missionsstationen berichtet Missionar Georg Pfalzer 1911 im „Neuendettelsauer Missionsblatt“ an die Heimat: *„Die produktiven Pflanzer brauchen Arbeitskräfte; da werden christliche Arbeiter gern angenommen; viele von den jungen Leuten waren auf den Missionsstationen und haben da Ordnung und Arbeiten gelernt; es sind aber auch Leute, deren Gewissen erweckt ist und die etwas von einer Pflicht wissen. Tüchtiges, zuverlässiges Arbeitermaterial ist für die För-*

derung der Kultur von hohem Wert. "[127] Dass bei dieser Art von Erziehung die Papuas sich widerspenstig zeigten und gerne die Flucht in ihre Dörfer ergriffen ist allzu verständlich. In Simbang z. B. war nach Berichten die Schülerzahl von gewöhnlich 30 auf 10 gesunken, was gerne einzig der „aggressiven Anwerbung" der Plantagengesellschaften zugeschrieben wird.[128]

Dennoch zeigten die Schulen die gewünschten Erfolge. Es konnten indigene Prediger und Lehrer herangebildet werden, die in den Dorfgemeinden unterrichteten und das Evangelium halfen zu verbreiten. Die Zahl der Täuflinge stieg unaufhörlich. In den Dörfern selbst wurden Kirchen und Versammlungsräume errichtet und die Dorfvorsteher, die Lulais, in die Pflicht genommen, das Gemeindeleben im Sinne der Missionare zu organisieren und zu überwachen. Etwas erstaunt nimmt man zur Kenntnis, dass die Dorfbewohner für die Kosten der Kirchen, der Schulungsorte, die Lehrer und das Lernmaterial selbst aufkommen mussten.[129] Aber man wollte ja nicht nur die Taufzahlen steigern, sondern auch von wirtschaftlichen Erfolgen berichten können.[130] So macht sich nicht nur die Anwerbung von Einheimischen für die Plantagenarbeit in den Missionsstationen bezahlt, sondern die Hilfe der christianisierten Einheimischen verbesserte auch die Kontaktaufnahme mit anderen Dorfgemeinden und förderte die Ausweitung des Missionsgebiets. An der Südküste der Huon-Halbinsel wurde 1906 von Missionar Stephan Lehner auf einem Hügel die Station Kap Arkona, auch Hopoi oder Bukawa genannt, errichtet. Das Land konnte man von den Bukauas direkt erwerben. *„Beim Ankauf des Landes waren die Leu-*

te so bescheiden!"[131], berichtet Flierl erfreut. Die Bukauas schafften mit ihren Kanus Material vom weit entfernten Finschhafen heran. Das Missionspersonal auf der Station verstärkte später der neu eingereiste Gottfried Schmutterer, der Bruder meines Großvaters. Mittlerweile brachten einige Missionsangehörige auch ihre Frauen mit.

Abb.13: Missionsstation Deinzerhöhe

Weiter südlich, über das Mündungsgebiet des Markham-Flusses hinweg, wurde ein Jahr später in Malalo (Salamaua) am Samoahafen von den Missionaren Karl Mailänder und Hermann Böttger eine Niederlassung gegründet. Später kam Fritz Oertel hinzu. Die Bewohner dort hatten schon Kontakt mit den Yabim-Leuten und erwarteten die Missionare mit viel Vorfreude, wie berichtet wird.[132] Weit im Norden der Huon-Halbinsel entstand bei zwei größeren Dörfern ebenfalls 1907 die Station Sialum. Dorthin, in der Nähe des Kap König Wilhelm, waren es von Finschhafen 18 Stunden Fußmarsch. Karl Wacke und Michael Stolz, später dann Karl Saueracker besetzten die Station. Danach konnte noch weiter im Norden eine Niederlassung beim Inseldorf Sio gegründet werden.[133]

Wenn das Markhamtal bisher nicht in Angriff genommen wurde, so hatte das seinen Grund. Die Volksgruppe der Laewomba, auch Wampars genannt, galten als feindselig und aggressiv. Immer wieder drangen sie zur Küste vor, überfielen die dortigen Bewohner, plünderten und mordeten. Vor allem die Lae hatten darunter zu leiden.[134] Mehrmalige Expeditionen der herbeibeorderten kolonialen Polizeitruppen waren auch wegen ihrer geringen Truppenstärke erfolglos.[135] Schließlich stellten Missionar Stephan Lehner und der Ethnologe Richard Neuhauss eine Expeditionsgruppe zusammen und drangen mutig drei Tage weit flussaufwärts in das Gebiet der Wampars, sicherlich nicht unbewaffnet und immer in der Furcht, ihre Träger könnten das Weite suchen. Sie trafen keine Wampars an und so hängten sie als Geschenk rote Tücher, Tabak, eine Axt, ein Beil und eine Halskette aus Hundezähnen an einen Baum und gingen zur Küste zurück. Tatsächlich genügte die pfiffige Idee, das Verhalten der Wampars gegenüber den Lae zu ändern. Sie schickten nach zwei Wochen ein Holzschwert als Zeichen der Versöhnung und das untere Markham-Tal war befriedet.[136] Ein bemerkenswerter Vorgang. Flierl sah darin einen „*durch Vermittlung der Missionare*" erreichten Frieden.[137]

Auch wenn sich im oberen Teil des Markham die Auseinandersetzungen der Wampars mit Nachbarvölkern fortsetzten, so konnte doch im Jahre 1911 an der Flussmündung die Station Lowamu aufgebaut werden. Gründer war mein Großonkel Gottfried Schmutterer. Er glaubte, beim Standort freie Wahl zu haben. Eine Missionsdelegation unter Leitung von Johann Flierl musste damals anrücken, weil es Differenzen mit der NGK über den Grenzverlauf gab und der Landkauf abschließend zu regeln war. Schmutterer war gezwungen seine eben gebaute Station wieder zu räumen und auf das nördliche Ufer des Bumbu, auch Ambo oder Adlerfluss genannt, umzusiedeln.[138]

In Logaueng, auf einer Anhöhe am gegenüberliegenden Ufer von Simbang und mitten im Yabim-Gebiet gelegen, wurde von den Missionaren Adam Hoh und Heinrich Zahn 1906 eine Station aufgebaut, auf der später eine Schule für einheimische Laiengehilfen wie zuvor schon in Simbang errichtet wurde. Dort befand sich auch eine Druckerei für die wachsende Nachfrage im Missionsgebiet nach übersetzten Bibeln, Schulbücher u.a. gedruckten Materialien. Auch ein erstes Sägewerk wurde dort installiert, um von den teuren Importen von Bauholz aus Australien unabhängig zu werden. Der 1911 eingereiste Johann Schmutterer, mein Großvater, übernahm zunächst am Ort die landwirtschaftlichen Aufgaben, die „Ökonomie". Allein 1911 wurden fünf weitere Missionsfilialen gegründet, vor allem im südlichen Bereich des Huon-Golfes bis hinunter nach Morobe (Adolfhafen), wo Georg Stürzenhofecker eingesetzt wurde.[139]

In den letzten Ausführungen zu den Stationsgründungen sind die Missionare als Akteure angeführt worden. Es ist jedoch selbstverständlich, dass die eigentliche Aufbauarbeit unter harten Bedingungen die Einheimischen zu verrichten hatten. Es waren dies zumeist getreue Yabim-Leute und Bukauas. Im Gegensatz zu Unternehmungen der NGK war eine Unterstützung von angeworbenen Melanesiern nur selten erforderlich.

Den Missionaren erging es bei der Arbeiterrekrutierung jedoch nicht anders als der NGK. Die Einheimischen verweigerten eine längere Anstellung auf den Plantagen und die Grundbesitzer klagten über den permanenten Arbeitskräftemangel. Missionar Georg Pfalzer berichtet, dass die Arbeiter lieber bei der NGK arbeiten, da *„sie auf diesen fremden Stationen eher noch etwas mehr Lohn bekommen als bei uns und, was am meisten in die Fremde lockt: sie stehen dort nicht so in christlicher Zucht, als auf unserer Missionspflanzungsstation.“*[140] Eine für einen Missionar ungewöhnliche Aussage. Die Neuendettelsauer Mission rekrutierte ihre Arbeiter vor allem im Hinterland ihrer Stationen, *„denn diese Kai-Inland-Leute sind (...) noch nicht so reichlich mit den europäischen Tauschartikeln, Messern, Beilen usw. versehen, als wie die Küstenleute“*.[141] Die Kopfsteuer wurde im Kaiser-Wilhelms-Land erst 1910 eingeführt und konnte nur dort einkassiert werden, wo die Eingeborenen „im Zugriff“ waren. Ganz wie es der Geschichtsschreibung der Missionare entsprach, ergaben sich aus ihren Berichten keinerlei Anhaltspunkte, wie die Steuer von den Kolonialbeamten im Missionsgebiet eingezogen wurde. Auch andere mir vorliegende Schriften trugen nicht zur Klärung bei. Waren die Missionare unterstützend beteiligt? Leider können über Vermutungen hinaus keine gesicherten Aussagen getroffen werden. Es gibt keinen Grund für die Annahme, die Indigenen der Missionsgebiete seien von der Kopfsteuer verschont worden, und so dürfte zutreffen, dass auch hier wie in kontrollierten Gebieten der NGK von den Einheimischen die Steuern erwirtschaftet werden mussten, durch Arbeit oder Verkauf eigener Produkte. NGK wie auch die Mission waren Profiteur von beidem.

Wie gesehen war die missionarische Expansion allen Widrigkeiten zum Trotz beeindruckend. Die Neuendettelsauer Mission hatte bei der Erhebung 1912 19 Stationen mit 26 Missionaren und 17 Missionarsfrauen, 9 Laienbrüdern, 2 Missionsgehilfinnen und 27 Einheimische Gehilfen in ihrem angestellten Personal. Sie zählte etwa 2944 Gemeindemitglieder und betrieb 13 Volksschulen mit rund 1006 Schülern und 2 höhere Schulen mit 22 Schülern (Gehilfen-Schulen).[142]

Im Gegensatz dazu stand die Erfolgslosigkeit der „Brüder" von der lutherischen Rheinischen Mission, den „Barmern". Sie konnte 1912, nach 25-jähriger Anwesenheit in Neuguinea, gerade mal 81 Bekehrungen und 8 Schulen aufweisen.[143] Sie hatte sich zunächst in Hatzfeldhafen im nördlichen Teil des Kaiser-Wilhelms-Landes, dann in der Nähe von Bogadjim in der Astrolabebucht niedergelassen. Eine Station der Mission war die Insel Siar. Sie lag unweit von Friedrich-Wilhelmshafen und war 1897 in einer blutigen Strafaktion von Marinesoldaten „beruhigt" worden. Die Arbeit der Rheinischen Mission im Kaiser-Wilhelms-Land stand von Anfang an unter keinem guten Stern. In den Jahren zwischen 1885 und 1891 verlor sie zehn ihrer verschickten Missionare, durch Ermordung, durch Unfälle, die meisten durch Malaria.[144] Mehr als die Neuendettelsauer hatte sie sich mit Misstrauen und Ablehnung der Einheimischen auseinanderzusetzen, wohl nicht zuletzt wegen der Nähe zur Hauptniederlassung der NGK und ihrer Plantagen.

Der Kampf um Unabhängigkeit in fremdem Mandatsgebiet

Vom ersten Weltkrieg war die aktive Missionstätigkeit im Kaiser-Wilhelms-Land empfindlich betroffen. Ein regulärer Handel konnte nicht mehr stattfinden, Einnahmen brachen ein und die Mission konnte einheimische Gehilfen nicht mehr bezahlen.[145] Reparaturen oder Ersatzbeschaffungen waren nur eingeschränkt verfügbar. Bei Medikamenten, vor allem beim wichtigen Chinin, bei Kleidung und anderen lebensnotwendigen Importartikeln stockte der Nachschub. Die Versorgung mit den wichtigsten Nahrungsmitteln war jedoch dank der missionarischen Autarkie weitgehend gewährleistet. Eine große Hilfe war die von der Lutherischen Station Hope Valley in Queensland in Australien organisierte Unterstützung. Auch die amerikanischen Lutheraner von der Iowa-Synode standen hilfreich zur Seite.[146] Durch die Geschäftsaktivitäten australischer Händler entspannte sich die Versorgungslage einigermaßen und schon 1916 konnte Flierl *„einen kleinen Überschuß"* aus der Plantagenwirtschaft melden. Und 1918 war der Umsatz aus Kopraexporten auf einem Höchststand.[147]

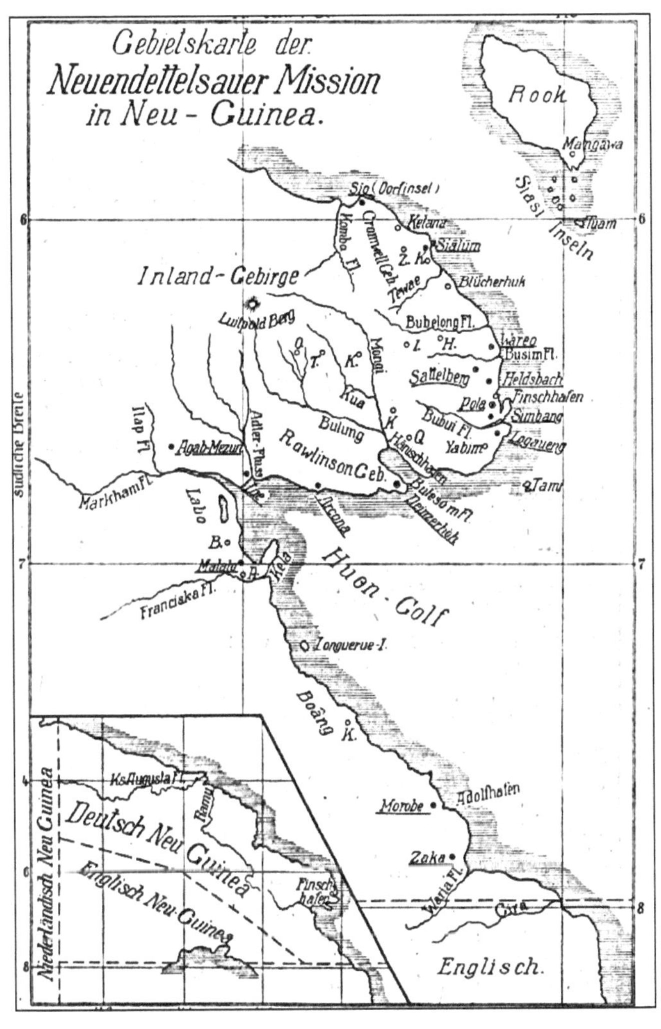

Abb.14: Karte Missionsstationen um 1919

Schmerzvoller für die Mission waren die politischen Maßnahmen der australischen Regierung, die zudem jahrelang für Ungewissheiten sorgten. Die Missionare Christian Keyßer und Otto Theile wurden des Landes verwiesen bzw. durften nicht mehr einreisen, da sie am Sattelberg den gesuchten Hauptmann Hermann Detzner unterstützt haben sollen. Andere Missionsangehörige, darunter auch Wilhelm Flierl, der Sohn von Johann Flierl, und Missionar Hans Raum wurden in Australien interniert. Von den verbleibenden Missionaren verlangten die neuen australischen Administratoren Neutralitätseide. Neuen Missionskräften, auch wartenden Missionsbräuten wurde die Einreise verweigert.[148] Flierl schimpfte auf die Engländer, den *„bösen Feind, der uns unsere geliebten deutschen Kolonien genommen hat"* und er befürchtete die Beschlagnahmung der „Bavaria" und möglicherweise des gesamten Missionsbesitzes. Überhaupt war die Weiterarbeit der Mission in Neuguinea insgesamt in Frage gestellt.[149] Auf alles Deutsche war man nicht gut zu sprechen. Die australische Regierung neigte dazu, wie bei allen anderen Deutschen zu verfahren, das Missionseigentum zu konfiszieren und die Missionare auszuweisen. Johann Flierl und Otto Theile mobilisierten alle Verbindungen zu den Kirchenkreisen in Australien und auch zu den amerikanischen Lutheranern. Schließlich war es vor allem die Unterstützung aller englischen protestantischen Kirchen, die den Bestand der Mission mit ihren Besitzungen und vorerst auch den Verbleib des Missionspersonals sichern konnten. Eine neue Synode konstituierte sich unter dem Namen „Vereinigte Evangelisch-Lutherische Kirche in Australien" (UELCA) und die

Neuendettelsauer Neuguinea-Mission wurde von ihr übernommen. Die Führung sollte zusammen mit der amerikanischen Iowa-Synode (ALC) erfolgen. Auch die Rheinische Mission wurde zugleich eingegliedert. Otto Theile durfte von Australien aus die Leitung der Mission im Mandatsgebiet übernehmen. Aber erst 1925 war endgültig ein dauerhaftes Bleiben der deutschen Missionare in Neuguinea garantiert.[150]

Der Beginn der australischen Mandatsherrschaft nach dem ersten Weltkrieg leitete für die Neuendettelsauer Mission auch aus politisch-ökonomischer Sicht eine neue Etappe ein. Die alten Missionsgebiete um Finschhafen hatten kolonialistische Strukturen zur Grundlage. Sie waren gekennzeichnet durch die Herrschaft der Missionare, auf deren Plantagen und anderen Besitztümern die indigenen Bewohner arbeiteten. Die etablierte Ökonomie bildete das Rückgrat der missionarischen Versorgung und Gewinnerwirtschaftung im erreichten Einflussgebiet. Zugleich bildete diese das bislang einzige wirtschaftliche Zentrum auf der Huon-Halbinsel. Mit den Goldfunden um 1920 im Großraum von Lae entstand im Gefolge mitten im Neuendettelsauer Einflussgebiet ein weiteres, von den Australiern kontrolliertes wirtschaftliches Zentrum, das sich rasch weiterentwickelte und der zukünftigen Wirtschaft im Gebiet ihr Gesicht geben sollte. Für die Neuendettelsauer Mission waren unter dem australischen Kolonialregime nun weitere Landkäufe zum Zwecke großflächiger Agrarbewirtschaftung kaum mehr denkbar und selbst die Errichtung neuer Stationen waren zu genehmigen. Ökonomisch-strukturell gesehen entfielen damit für Neubesetzungen die Grundlagen für kapitalistische Kolonialisierungsmethoden in großem Stil wie sie noch im alten missionarischen Kerngebiet charakteristisch waren.

Der Traum von einer Rückgabe der deutschen Kolonien blieb bei den deutschen Missionaren auch nach 1920 weiter lebendig. *„Die unterzeichneten evangelischen, in der Südsee tätigen Missionsgesellschaften erachten es als ihre Pflicht, allen maßgebenden Stellen die dringende Bitte zu unterbreiten, bei den früher oder später einsetzenden Friedensverhandlungen auf das Entschiedenste darauf zu bestehen, dass außer den anderen Kolonien auch unsere schönen Südsee-Gebiete restlos dem deutschen Reich zurückgegeben werden.“*[151] So eine Eingabe an den Reichskanzler. In der Neuendettelsauer Mission wurden zunehmend Ressentiments gegen die amerikanische Präsenz und die australische Kolonialverwaltung im Missionsgebiet geschürt. Mit den Siegern des Ersten Weltkrieges gemeinsame Sache zu machen, galt für viele als Verrat an den Interessen des deutschen Volkes.[152] Dies wurde auch den katholischen Missionen vorgeworfen, denen man ohnehin mit Aversionen begegnete und die offensichtlich ohne antiamerikanische Vorbehalte mit ihren Missionsbrüdern eng zusammenarbeiteten. Anfang der dreißiger Jahre wurde offen für Separierung und Eigenständigkeit des Neuendettelsauer Missionsgebiets geworben.[153] Einige Missionare, die mit Australierinnen verheiratet waren oder seit Jahren enge Beziehungen zu australischen oder amerikanischen Missionsfreunden pflegten, wie Stephan Lehner, Wilhelm Flierl und Fritz Oertel, sprachen sich gegen eine Separierung und Spaltung des lutherischen Missionsgebietes aus. Andere wie z.B. Georg Pilhofer, Schwiegersohn von Johann Flierl, hatten weitergehende Visionen und eine Art Kirchenstaat zum Ziel.[154]

Abb.15: Gruppenfoto von der Vertreterkonferenz in Brisbane 1929. In der vorderen Reihe in der Mitte Otto Theile und rechts außen Friedrich Eppelein. In der mittleren Reihe der zweite von rechts Adam Schuster und zu seiner Rechten Georg Pilhofer. Die anderen von der Rheinischen Mission, der Iowa-Synode und der UELCA

Missionsdirektor Friedrich Eppelein bereiste zusammen mit Missionsinspektor Adam Schuster 1929/30 die Missionsgebiete in Neuguinea, wo man sich mit dem Feldleiter Johann Flierl und den Neuendettelsauer Missionaren austauschte. Auf den Besuchsstationen war häufig die gegen die Weimarer Republik gerichtete schwarz-weiß-rote Reichsflagge gehisst.[158] Unterschiedliche Auffassungen unter den Missionaren gab es zu diesem Zeitpunkt nicht nur in der Separierungsfrage, sondern auch die Frage der Verkehrssprache im Missionsgebiet wurde debattiert, zumal mit Azera eine dritte, in neuen Missionsgebieten wie dem Markham Valley verbreitete, indigene Sprache hinzukam. Wegen ihrer national-völkisch ausgerichteten Ideologie nicht zufällig vertraten Georg Pilhofer und Christian Keyßer, der von Neuendettelsau aus seinen Einfluss geltend machte, die Position einer Einheitssprache nach dem Motto *„Ein Gott – eine Sprache – eine Nation"*.[159] Kate

Abb.16: Missionsdirektor Dr. Friedrich Eppelein
wird in Finschhafen erwartet (1930)

sollte die einzige „lingua franca" sein in einer papuanischen *„Volksgemeinschaft"* mit einer vereinten *„Volkskirche"*. Letztendlich wurde aber mehrheitlich an den zwei Sprachen Kate und Jabem festgehalten. Dass jedoch beim Besuch Eppeleins nicht nur Missionarisches Thema war, sondern auch die *„neuen Verheißungen"* im Reich, versteht sich von selbst.[160]

Johann Flierl selbst beendete 1930 seine Tätigkeit in Neuguinea und ging nach Australien, bevor er dann nach Neuendettelsau zurückkehrte. Er hinterließ zu dem Zeitpunkt 18 Missionsniederlassungen mit mehreren Gesundheitsstationen und Gästehäusern, Schulen, großen Plantagen und viehwirtschaftlichen Einrichtungen. Ca. 25.000 Einheimische waren getauft. 2000 papuanische Kinder wurden von einheimischen Lehrern in ihren Gemeinden unterrichtet.[161] Stephan Lehner wurde Flierls Nachfolger als „Leiter im Missionsfeld".

Die australische Regierung hatte schon in der Vergangenheit nicht allzu viel Interesse am Geschehen in den Missionsgebieten Neuguineas gezeigt und ließ die Neuendettelsauer gewähren. Sie sah sich aber schon vor 1930 in einigen Teilen des Gebietes gefordert, denn die Suche nach Gold machte Polizeitruppen zum Schutz der Interessen der Goldausbeuter erforderlich. Diese warben mit rabiaten Methoden Arbeiter aus den indigenen Dörfern an, unterstützt von der rigorosen Kopfsteuer. Nach der Entdeckung von Goldfeldern ab 1925 auch in der Gegend um Malalo waren die Papuas im Umkreis vom Goldrausch und den Folgen besonders betroffen.[162] Häufig mussten Polizeipatrouillen anrücken und die Gegenwehr der einheimischen Dorfgemeinschaften niederhalten. Die Mission, die sich gerade um mehr Eigenständigkeit bemühte, versuchte vorsichtig, gegen übergriffiges Polizeiverhalten und die zerstörerischen Auswirkungen des Steuerrechts beim Gouverneur Änderungen zu erreichen. Interessant, wenn von Missionsseite nach über 15 Jahren offiziell das Steuerrecht angeprangert wird, von dessen diskretem Druck man selbst all die Jahre gerne profitierte: *„Wir haben den Eindruck, dass die Steuer weiter auferlegt und von den bettelarmen Eingeborenen in den bergigen Regionen eingezogen wird, um sie in die Hände der Anwerber zu zwingen."* Die Geburtsraten würden zurückgehen, weil teilweise mehr als 10% der männlichen Bevölkerung ihre Dörfer verlassen hätten. Sie, die Missionare, kämen sich vor *„wie Totengräber einer sterbenden Bevölkerung".*[163]

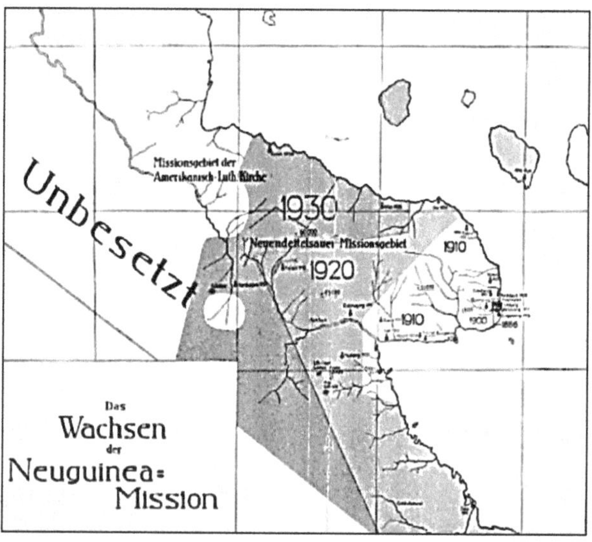

Abb.17: Ausdehnung des Missionsgebiets bis 1930

Die Eroberung des Hochlandes

Das Vordringen der Neuendettelsauer Missionare und die „*Besetzung*"[164] neuer Gebiete ging unentwegt weiter. Schon bis 1920 waren sie, von Lae aus kommend, weit ins Markhamtal Richtung Westen vorgestoßen und hatten auch das bergige Hinterland der südlichen Missionsstationen bis hinunter nach Morobe „besetzt" und neue Stationen errichtet. In den Folgejahren wurden die Unternehmungen der Missionare hinein ins Binnenland immer gewagter, weit entfernt von den Küstenstationen. Oft wochenlang waren sie unterwegs, mit Dutzenden von Trägern und unter harten Entbehrungen. Gebirgsketten wurden überwunden und durch unwegsames Gelände und Flussläufe entlang immer weiter vorgedrungen. Eine unglaubliche und bewundernswerte Leistung. Zuletzt landete man Mitte der dreißiger Jahre in einer Hochebene am Fuße des 3930 Meter hohen Hagenberg (Mt. Hagen), 20 Tage Fußweg von der Küste entfernt. Man war bereits im Grenzgebiet zum britischen Teil Neuguineas. Oft trafen die Eindringlinge auf feindselige Papuavölker, wurden mit Pfeilen beschossen und mussten sich mit Waffengewalt, teils mit tödlichem Ausgang, erwehren.[165] Sie trafen unterwegs auch auf ein Gebiet mit vorausgegangener katholischer Präsenz und sahen sich mit dem ungeliebten Konkurrenten in einem „*Wettlauf*", der ihren ungebändigten Ehrgeiz weiter antrieb. Am Ende war ein Netz von Hauptstationen, Nebenstationen und Außenposten etabliert, jeweils hauptsächlich betrieben und abgesichert von evangelisierten Gehilfen. Die gegründeten Hauptstationen auf der Inlandsroute von Lae aus

waren Onelunka, Ega am Chimbu-Fluß und Ogelbeng am
Mt. Hagen, jeweils 7 Tagesreisen voneinander entfernt.
Die Pioniere dieser atemberaubenden Eroberungszüge
waren v.a. die Missionare Wilhelm Bergmann, Hans Flierl
und Georg Vicedom, angefeuert vom Headquarter in Neuendettelsau. Friedrich Eppelein an Otto Theile 1934:
*„Vorwärtsgehen, denn wir stehen auf dem Standpunkt,
dass wir im Glauben an Gott das Wagnis auf uns nehmen
müssen und mit der Missionierung im Hagengebirge möglichst bald beginnen müssten.“*[166] Zur Überbrückung der
Entfernungen waren bald Lasttiere vonnöten, später bei der
Station Ega und Ogelbeng wurden sogar Flugplätze errichtet. Die eigens angeschaffte „Papua“ landete dort 1935,
nachdem man zuvor Charterflüge genutzt hatte. Auch in
Finschhafen, von wo Ogelbeng mehr als 400 km entfernt
war, wurde ein Flugplatz erstellt.[167] Keine Mission hatte
sich bislang eine derart aufwändige Ausstattung der Infrastruktur aufbauen können. Und das alles mitten in einem
fremden Mandatsgebiet.

Doch ihre abenteuerlichen Unternehmungen mussten die
Missionare bitter erkaufen. Der Abzug erfahrener Missionare für die neuen Aufgaben in den entfernten Gebieten
und die notwendig gewordene Betreuung oft mehrerer
Stationen durch nur einen Missionar führte zu einer Aus-
dünnung des missionarischen Personals auf den alten Küstenstationen und dies unter Bedingungen, wo die Fluktuation durch die vielen Erkrankungen, durch Erholungsreisen
und altersbedingtes Ausscheiden ohnehin sehr hoch war.
Die jungen Missionare aus Neuendettelsau und teilweise
von den lutherischen Missionen in Australien konnten die

Personalnot nicht beheben, auch nicht die Unterstützung durch amerikanische Missionare aus Madang. Man erlag einer Selbsttäuschung mit der optimistischen Annahme, man könne Stationen und die Christengemeinden den herangebildeten indigenen Funktionsträgern, den „Evangelisten", anvertrauen und auf eigene missionarische Präsenz verzichten. So wie die Christianisierung erreicht wurde, konnte das Gebilde nur fragil sein und es war vorhersehbar was geschah: Ein Niedergang in den Küstenstationen und den eingebundenen Dorfgemeinden.[168] Der Schrecken war groß und man suchte nach Erklärungen.

Abb.18: Landung der missionseigenen „Papua" im Hochland

Als Sündenbock mussten die christlichen Gemeindevorsteher und Lehrer herhalten. Missionar Jakob Herrlinger in einem Bericht über seine Erlebnisse in der Yabem-Gemeinde: *„Ich war erschüttert über die Unfähigkeit der*

81

Vorsteher, über ihre sittliche Urteilsfähigkeit, über ihre Feigheit und Willensschwäche."[169] Nicht einmal mehr die Hälfte seiner Konfirmationsschüler seien zum Unterricht gekommen und Gemeinden weigerten sich, junge Lehrer in andere Gebiete abzugeben. In den Gehilfenschulen seien es nur einige wenige, die den Abschluss erreichten, alle anderen schieden vorzeitig aus. Beim Besuch der Dörfer stieß er auf *„Zauber, auf richtigen Todeszauber, wie er früher gebraucht wurde"*. Es zeige sich, wie *„zauberverseucht die Dörfer sind"*.[170] In der Sattelberg-Gemeinde, die leitungslos geworden war, übte ein *„Oberlulai"* zunehmend *„schlechten Einfluss"* aus. Von der auswärtigen Arbeit zurückgekommene Jungen bereiteten wegen *„ihrer Unbotmäßigkeit Not und Sorge"*, wie in anderen Gemeinden auch. Vom Azera-Gebiet berichtete Missionar Fritz Oertel, es sei schwierig für die Gemeinden, dem Unwesen der zurückgekehrten Arbeiter zu wehren. Sie brächten *„viel Zaubereikram"* mit und riefen *„in der Gemeinde viel Beunruhigung hervor"*. *„Die Kontraktjungen zeigen sich unbotmäßig, tanzen nach Belieben, nehmen mehrere Frauen. Ihre Rückendeckung haben sie bei der Regierung, d.h. deren Vertretern. Dadurch werden die Christen und Alten eingeschüchtert."*[171] Ernüchtert musste Missionar Pilhofer feststellen: *„Lässt man die Gesamtheit dieser Erscheinungen unvoreingenommen auf sich wirken, gelangt man zu der Überzeugung, dass es nicht nur ein pfingstliches Windesbrausen des Heiligen Geistes gibt, sondern auch ein dämonisches Sturmesbrausen der Finsternismächte."*[172]

Dank der Autorität der Missionare gelang es immer wieder, der *„Schwachgläubigkeit der Christen"* zu begegnen und das „*Wiederaufleben der heidnischen Gesinnung*" zurückzudrängen. Zugleich zeigte sich darin der große Einfluss und die herrschaftliche Macht der Missionare auf der einen, die erreichte sklavische Unterwürfigkeit und die anhimmelnde Ehrfurcht der christianisierten Papuas auf der anderen Seite.

Ausgerechnet im Jahr des 50jährigen Jubiläums der Neuendettelsauer Mission musste sie einen weiteren heftigen Rückschlag einstecken, und dieser war nicht umkehrbar. Im Mai 1936 erklärte der australische Administrator W. R. McNicoll das gesamte Hochland kurzerhand zum „*unkontrollierten*" Gebiet. Jeglicher Zugang wurde verboten. Alle Außenposten der Mission, die von einheimischen Gehilfen geleitet wurden, waren zu schließen. Stationen unter der Leitung europäischer Missionare durften bestehen bleiben. Für die Lutheraner war dies eine Katastrophe, waren doch ihre Stationen im Inland hauptsächlich unter der Leitung von evangelisierten Gehilfen. Im Gebiet um Ogelbeng, Kerowagi und Ega wurden alle 13 Stationen geschlossen und ca. 230 Evangelisten nach Hause in ihre Dörfer geschickt.[173] Der australische Administrator, der christlichen Missionen ohnehin wenig Sympathie entgegenbrachte, begründete diese Maßnahme mit Sicherheitserfordernissen. In den Hochlandgebieten hatte es immer wieder blutige Überfälle und Kämpfe von Dorfgemeinschaften untereinander gegeben. Auch Goldgräber und zuletzt zwei katholische Missionare wurden getötet.[174] Obwohl der Tod der Missionare über ein Jahr zurücklag, sahen Flierl und die Lutheraner in der Art der katholischen Missionierung die Ursache und beschuldigte die Katholiken, für die Schließung des Hochlandes verantwortlich zu sein.[175] Diese Interpretation ist wenig überzeugend und wohl unterschwellig von der Absicht beflügelt, den ungeliebten Widersacher kompromittieren zu können. Die Beweggründe der australischen Administration und der Regierung sind nachvollziehbar, auch wenn offiziell unausgesprochen. Sie kannten die Machtfülle und den Einfluss der Missionare, voran der lutherischen. Auch die politischen und ideologischen Präferenzen der Mission und ihre Illoyalität dürften ihnen nicht entgangen sein.[176] Immerhin schrieb man bereits das Jahr 1936, drei Jahre nach der Machtergreifung im Hitlerdeutschland. Abendröte über der Neuendettelsauer Mission.

Abb. 19. Hochland mit Gebirgsfluss

Die Nazifizierung und das Ende einer Illusion

Im Deutschen Reich gewannen in den ausgehenden 20er Jahren mit Ende des wirtschaftlichen Aufschwungs aggressive deutschnationale Gesinnungen und Vorbehalte gegen die junge Weimarer Republik mehr und mehr die Oberhand. Der aufkommende Nationalsozialismus machte auch vor der Mission nicht halt. Führungskräfte in der Neuendettelsauer Mission begeisterten sich mit Beginn der 30er Jahre zunehmend für die bevorstehende *„Erneuerung Deutschlands"*, näherten sich den Nationalsozialisten und wurden schließlich Mitglieder der NSDAP. Die noch in den zwanziger Jahren geltende parteipolitische Neutralität wurde über Bord gekippt. Religion erfuhr eine Politisierung und Mission im Inneren wie im Äußeren entwickelte sich nach und nach zum Vehikel zur Stärkung der Hitler-Partei in den Reihen der *„Volksmission"*.[177]

1931 lud die Missionsanstalt mit dem Segen des Oberkirchenrats Hans Meiser zu einem vertraulichen Treffen mit der NSDAP in Nürnberg ein, wo man sich gegenseitig die gemeinsamen Interessen bestätigte.[178] Der Missionar Christian Keyßer, nach seinem Einreiseverbot nach Neuguinea Missionsinspektor und Lehrer am Missionsseminar in Neuendettelsau, huldigte Hitler mit einem Gedicht, das 1933 dem frisch ernannten Reichkanzler mit entsprechenden Grußworten überreicht wurde. Unterschrieben haben neben den örtlichen NSDAP-Größen der Missionsdirektor Dr. Friedrich Eppelein und der leitende Direktor der Diakonie Hans Lauerer.[179] Die Herren von der Mission allesamt Nazis, denn *"es ist ein Führer uns von Gott gegeben...",* wie es in der 2. Strophe heißt.

1936 besuchte der deutsche Generalkonsul Walter Hellenthal Finschhafen und er stellte in seinem Bericht begeistert fest: *„Die Lutheranische Mission in Finschhafen, über der ein exzellenter nationalsozialistischer Geist herrschte, hat ihre Stationen, die ich besuchte, mit Hakenkreuzfahnen geschmückt. An der Hauptstation begrüßte mich eine einheimische Blasmuschel-Gruppe mit dem Horst-Wessel-Lied.* "[180]

Im Laufe der 30er Jahre schienen in Neuguinea nahezu alle Missionare mit ihren Frauen dem Nationalsozialismus verfallen zu sein. Otto Theiles Warnungen, der um die eben gewonnene Eigenständigkeit fürchtete, nützten nichts.[181] Es wurde eine NSDAP-Ortsgruppe in Finschhafen gegründet, in der ausschließlich Missionsangehörige organisiert waren, zwei weitere in Wau und Rabaul.[182] Manche Einheimische tätowierten sich mit Hakenkreuzen. Auch von Papua-Kindern, die den Hitlergruß nachahmten, wurde berichtet.[183] Die australischen Vorwürfe einer aktiven Agitation unter den Indigenen wurden bestritten.

Vom Rassenwahn und Hitlervergötterung im Reich angesteckt, befeuerten die obersten Neuendettelsauer Missionsführer in der gesamten Missionsgemeinde das antisemitische und nationalsozialistische Gedankengut. Treibende Größen waren dabei vor allem Friedrich Eppelein, der als Chef das Missionsblatt „Freimund" bestens nutzen konnte und auch nutzte, sowie Christian Keyßer, der als Lehrer am Missionsseminar beste Gelegenheit hatte, unter den jungen Seminaristen seine Nazi-Ideologie zu verbreiten. Eppelein 1935: *„Auch über das deutsche Volk hätte der jüdische Bolschewismus ein ähnliches, vielleicht ein noch größeres Elend gebracht, wenn nicht der Herr der Geschichte dem deutschen Volk in Adolf Hitler den Retter des Vaterlandes gesandt hätte. Diese unumstößliche Wahrheit darf nie vergessen werden.“* [184]

Abb.20: SA-Truppe der Missionsseminaristen (1935)

Eppeleins Regime im Missionsseminar trug schnell seine Früchte: Es bildete sich eine SA-Truppe, die im Gleichschritt und mit Hakenkreuzbinden durch den Ort marschierte. Die Beteiligten waren zukünftige Missionare. Hans Rößler hat ein Bild in seinem Buch dokumentiert. [185] Man glaubt „Gotteskrieger“ vor sich zu haben. Schließlich begann man noch ab 1940, im Rahmen der sogenannten „Aktion-T4“, die der Diakonie mit ihrem Leiter Hans Lauerer anvertrauten Behinderten nach Ansbach als „unwertes Leben“ in den Tod zu verschicken.[186]

Diese verstörenden und erschreckenden Vorgänge in Neuendettelsau und der Lutherischen Mission kamen erst in jüngster Zeit durch die Aufarbeitungen von Historikern wie u.a. dem Neuendettelsauer Hans Rößler oder der

„Finschhafener Lied“

„Wir schließen uns zusammen für Führer, Volk und Land
Und streuen guten Samen für unser Vaterland.
Mit mutig frohem Wagen geht's vorwärts Schritt für Schritt
Und was es gibt zu tragen, das tragen wir gern mit.

Trotz aller Zeitungsschmierer, Schikanen, Lug und Spott,
wir halten treu zum Führer und fest an unserm Gott.
Der Gegner kann sich biegen und drehen, wie er mag,
wir werden ihn besiegen. Bald kommt der große Tag.

Den Blick aufs Ziel gerichtet, die Fahnen lasset wehn.
Wer unsre Reihen lichtet, bringt uns noch nicht zum stehn.
Froh opfern statt zu klagen soll unsre Losung sein.
Die Not auch mutig tragen und niemals werden klein.

Drum stehet all zusammen im deutschen Auslandstum.
Nennt stolz des Führers Namen helft mit zu Macht und Ruhm.
Die Hand zum Gruß erhoben! Du großes deutsches Land.
Dir Treue wir geloben! Sieg-Heil dem Vaterland.“

Deutsch-Australierin Christine Winter an die Öffentlichkeit. Auch der frühere Missionsdirektor Hermann Vorländer hatte die dunkle Seite der Mission enthüllt. Allen in der Mission tätigen Mitgliedern, ob in Neuguinea oder in der Zentrale in Neuendettelsau selbst, war bekannt, was damals vor sich ging, aber man hüllte sich nach dem Desaster in der gesamten Nachkriegszeit in Schweigen.

Die australische Administration hatte über die nationalsozialistischen Umtriebe in den Missionsgebieten lange hinweggesehen oder sich beschwichtigen lassen. Bei Beginn des 2. Weltkriegs fackelte sie nicht lange und internierte am 26.9.1939, noch vor dem japanischen Angriff, 26 deutsche Missionare, davon 16 aus der Neuendettelsauer Mission in Finschhafen, inklusive Georg Pilhofer. Von diesen 16 waren 12 Mitglieder der Finschhafener NSDAP-Gruppe.[187] Bei der ersten Fuhre standen die zunächst Zurückgebliebenen am Hafen und verabschiedeten die Abtransportierten mit Hitlergruß und Nationalhymne. Auch Superintendent Willy Flierl war dabei. Sie waren dann alle beim zweiten Abtransport kassiert worden. Auch die Frauen, zumeist ebenfalls Ortsgruppen-Mitglieder, wurden später mit ihren Kindern abgeholt und zunächst in getrennte Lager in Australien gebracht. Eine Namensliste war von den Administratoren beim australischen Leiter der NSDAP, Dr. Helmut Becker, beschlagnahmt worden. Ihn hatte Hubert Stürzenhofecker jeweils über den aktuellen Mitgliederstand in der missionarischen Ortsgruppe Mitteilung gemacht. Darauf waren 35 Missionsmitglieder, 17 männliche und 18 weibliche, vermerkt.[188] Fünf von ihnen hatten Glück und sind der Internierung entkommen, da sie sich gerade in Deutschland aufhielten. Selbst in Tatura, dem Internierungslager, setzten die Nazis im Schulterschluss mit weiteren Gesinnungsgenossen ihre Umtriebe fort. Zimmer waren mit Hitlerbildern und Nazi-Devotionalien geschmückt. Mit anfänglicher Duldung der wankelmütigen australischen Behörden wurde ein „Lagerordnungsdienst" (LODI) aufgebaut, streng hierarchisch strukturiert. Der Lagerführer residierte in seinem Büro mit Hakenkreuzfahne an der Wand und verlangte ein „Heil Hitler!" bei Zutritt. Auch Neuendettelsauer Missionare agierten in Leitungsfunktionen. Georg Pilhofer war u.a. Mitglied des „Court of Honour", der für die Disziplin im Lager zuständig war. Wilhelm Fugmann durfte Kameradschaftsabende organisieren, auf denen Liedgut aus dem Reich gepflegt wurde und wo man über den Endsieg schwadronierte. Seine Erfüllungsberichte gingen über die Schweiz an die NS-Oberen in Deutschland. Hubert Stürzenhofecker komponierte eigens ein von Hitlervergötterung und NS-Ideologie triefendes Gedicht, das sog. „Finschhafner Lied".[189] Ein bedrückendes Szenario.

Drei Neuendettelsauer Missionare, Stephan Lehner, Johann Decker und Adolf Wagner, durften in Neuguinea bleiben und versuchten sich von der Station Deinzerhöhe aus durch die Kriegswirren zu lavieren.[190] Letzterer bezahlte das mit dem Tod. Er wurde von den Japanern erschossen. 1942 wurde auch Stephan Lehner die Aufenthaltserlaubnis entzogen und in Australien festgehalten, weil er den Japanern Kartenmaterial vom oberen Markham-Tal ausgehändigt hatte, was als feindseliger Akt gewertet wurde. Viele der früheren Missionsstationen dienten während der Kriegszeit als Lazarette.

Während nahezu alle deutschen und europäischen Missionare bei Kriegsbeginn das Land verlassen mussten, durften die amerikanischen und australischen Missionare im Madanggebiet bleiben. Bemerkenswert: Bleiben durften auch Missionare der deutschen katholischen Mission, die „Steyler", mit denen die Neuendettelsauer schon immer in Rivalität standen.[191] Von ihnen waren nur 7 von der Internierung bei Kriegsbeginn betroffen, was die Absicht der australischen Administration erkennen lässt, vor allem gegen die Anhänger der Nationalsozialisten rigoros vorzugehen. Es zeigt aber auch die geringere Anfälligkeit der deutschen katholischen Missionare für Nationalismus und Naziideologie, was auch schon Generalkonsul Hellenthal bemängelt hatte.[192] Bei Vorrücken der Japaner mussten freilich auch die Verbleibenden in Sicherheit gebracht werden. Doch sie ereilte ein tragischer Tod. Auf dem Weg nach Indien wurde ihr Schiff mit den vielen Evakuierten versehentlich von amerikanischen Flugzeugen angegriffen und versenkt.

1946 durften die amerikanischen Missionare zurückkehren und in den Jahren danach schrittweise auch die internierten deutschen. Seit 1952 konnten auch von Neuendettelsau wieder Missionare geschickt werden. Im Jahre 1956 wurde die Evangelisch-Lutherische Kirche von Neuguinea (ELCONG) als selbstständige Einheit in Simbang gegründet und 1975 ging die Lutherische Mission an diese neue einheimische Institution über, die seit 1976 Evangelisch-

Lutherische Kirche von Papua-Neuguinea (ELC-PNG) heißt.[193] Die lutherischen Missionare hatten seit ihrer Rückkehr auf das Missionsfeld Neuguinea in bewährter Weise agiert und ihre wirtschaftlichen Aktivitäten und Infrastrukturmaßnamen bedeutend ausgedehnt. So konnten sie der ELC-PNG neben den vielen Kirchen, Krankenhäusern und Schulen ein wahres Wirtschaftsimperium überlassen mit teilweise monopolistischer Stellung und in einer Aktiengesellschaft, der NAMASU, vereinigt: Kokospalmen- und Kaffeeplantagen, Werftanlagen, Großhandelsunternehmen, Supermärkte, Radiostationen und zahlreiche weitere Firmen, Gebäude und Liegenschaften, eine Fluglinie und eine große Schifffahrtslinie, die Lutheran Shipping.[194] Nicht wenige dürften sich schon lange verwundert die Frage gestellt haben, wie sich eine derartige Anhäufung materieller Reichtümer mit dem Auftrag christlicher Missionierung vereinbaren ließ.

Abb.21: Lagerhaus und Schiffe der Missions-AG NAMASU

Mit 1.269.361 Mitgliedern laut Volkszählung 2011 ist heute die ELC-PNG die größte evangelische Kirche im

pazifischen Raum. In Papua-Neuguinea gehören 18,4 %
dieser Kirche an, die auf das Neuendettelsauer Missionswerk zurückgeht. Ca. 26% sind römisch-katholisch. 3%
sollen noch ihrer ursprünglichen indigenen Religion an-
hängen. Der restliche Teil ist ein Flickenteppich unterschiedlicher christlicher Glaubensrichtungen, je nachdem
welche Mission wo am Werke war.[195]

4. Meine Vorfahren im Dienst der Mission

Mein Großvater Johann Schmutterer (geb. 1880, gest. 1975) stammte aus einer Bauernfamilie in Pfäfflingen im Nördlinger Ries und hatte sich, motiviert durch seinen Bruder und ausgebildeten Missionar Gottfried, für die Missionsarbeit entschieden. Es hatte sich vorher noch zum Sägemeister ausbilden lassen. Vor seiner Abreise 1911 wurde er in Neuendettelsau mit Babette Hertle (geb. 1891, gest. 1960), Tochter eines Schreinermeisters, verlobt. Sie stammte aus Schwörsheim, ebenfalls ein Bauerndorf im Ries. Danach ging es ohne seine Braut in unbekannte Ferne, auch um sich dort einzuarbeiten und mit dem Bau einer Unterkunft die baldmöglichste Nachreise zu ermöglichen. Es war dies so üblich vor allem in der Anfangszeit der Missionierung. 1911 war die Neuendettelsauer Mission weitgehend etabliert in Neuguinea und sie suchte Fachkräfte für die weitere Konsolidierung und Expansion. In Finschhafen angekommen, arbeitete Großvater zunächst in Longaweng auf der Station der Missionare Adam Hoh und Heinrich Zahn und ihrer Familien. Er war dort für die ökonomischen Angelegenheiten zuständig und wurde für handwerkliche Arbeiten hie und da auch auf andere Stationen abberufen. So auch ein Jahr lang auf die Insel Rook, wo er Georg Bamler half, die dortige Station zu errichten. Wenig danach waren dort zwei neu eingetroffene Pflanzer von Einheimischen erschlagen worden.[196] Auch beim neuen, von Bamler für Logaueng organisierten Sägewerk war mein Großvater eingebunden. Dieses war allerdings mit falsch dimensionierten Teilen aus Deutschland gebaut, bereitete große Schwierigkeiten und erforderte auch einen anderen Standort. Den Standort fand man schließlich wenig entfernt in Butaueng am Fluß Bubui. Butaueng war schon vor 1891 als Nebenstation der Neuguinea-Kompagnie eine Niederlassung, an der zunächst versuchsweise Tabak kultiviert wurde. Später hatte man dann Obst, Gemüse und allerlei Feldfrüchte zur Versorgung der Station in Finschhafen angebaut.

Abb.22: Mein Großvater und seine Sägewerkarbeiter

Bis 1914 konnte dort ein neues Sägewerk, komplett in Deutschland gebaut, zerlegt und nach Anlieferung wiederaufgebaut werden. Johann Hertle, ein Bruder meiner Großmutter, organisierte die Vorbereitung. Baumeister Wirth und Gottfried Schulz hatten das notwendige technische Know-how und führten das Werk ein. Am Fluss war nicht nur eine größere Wasserkraft am Zulauf des Butaueng-Gebirgsbachs nutzbar, sondern auch ein Wasserweg für den Abtransport des zugesägten Bauholzes vorhanden. Auch ein Wohnhaus auf der Anhöhe und unweit eine ärztliche Hilfsstation standen zu Verfügung. Mein Großvater war anfangs mit der Beschaffung der Baumstämme aus dem Urwald betraut und 1920 wurde ihm nach der Rückkehr von Schulz nach Australien die alleinige Leitung des neuen Sägewerks übertragen. Seine Anverlobte Babette, die zwischenzeitig in der Heimat eine Ausbildung in der Krankenpflege erhalten hatte, hätte eigentlich kommen können.

Doch durch den Krieg und das Einreiseverbot der australischen Administration waren auch die Einreisevorhaben der „Missionsbräute" blockiert. Auf Drängen mehrerer Missionen und Kirchen in Australien konnte erreicht werden, dass ab 1922 ausnahmsweise Einreisen von Missionsangehörigen oder wartenden Bräuten erlaubt wurden. Ein amerikanischer Mäzen hatte die Reise der Bräute aus Neuendettelsau finanziert. Endlich, nach 11 Jahren, konnten sich meine Großmutter und mein Großvater wiedersehen. Großvater verband seinen Urlaub in Australien mit einer Reise nach Adelaide im Süden, um sie am Hafen beim Eintreffen des britischen Dampfschiffs „Runic" zu empfangen. Sie heirateten dann auch dort am 11.8.1922 in der Lutherischen Kirche in Lights Pass in der Nähe von Flierls früherer Missionsstation Tanunda. Großvater war inzwischen 42 Jahre alt.

Abb.23: Verabschiedung der Missionsbräute in Neuendettelsau am 9.April 1922. Hinten links der ausgewiesene Missionar Chr. Keyßer und rechts der jüngere Sohn von J. Flierl, der als Missionar nach Amerika verabschiedet wurde. Vorne links sitzen Missionsdirektor Ruf und seine Frau. Neben ihr die spätere Frau Döbler. Meine Großmutter steht links neben Flierl

Mit an Bord der „Runic", die in Liverpool gestartet war und den Weg über Kapstadt nahm, war eine Frau Ottilie Glauner, die Braut von Leonhard Flierl, der sie wie mein Großvater in Adelaide in Empfang nahm. Die beiden weiteren Neuendettelsauer Frauen fuhren über Sidney nach Towoomba in Queensland, um dann von Brisbane aus mit der „Madaram" nach Neuguinea weiterzureisen. Die eine

97

war Frau Margarete Hermann, die dem Plantagenverwalter Kaspar Döbler angedacht war. Es sind dies die Großeltern der Autorin Katharina Döbler. Die zweite, Frau Sybille Wüst, heiratete nach der Ankunft den Missionar Friedrich Bayer. In der heute noch einsehbaren Passagierliste von Hapag-Lloyd sind alle Namen der drei Bräute aufgeführt. Die Liste ist im Fotoanhang beigefügt.

Mehr Glück mit dem Warten auf die Braut hatte Großvaters jüngerer Bruder Gottfried Schmutterer, der ordinierte Missionar. Er kam schon 1909 ins Kaiser-Wilhelms-Land und war dort am Aufbau mehrerer Stationen am Huon-Golf beteiligt. Seine Braut, Magdalene Pfeiffer, konnte noch vor Beginn des Weltkrieges anreisen und war als Missionslehrerin tätig. Mein Großvater hatte ihn zeitweilig, vor allem während seiner schweren Fiebererkrankung und der Zwangserholung auf der Deinzerhöhe, in der Station Lae unterstützt. Auch an größeren Tauffeiern nahm er bisweilen als Gast teil. Magdalene und Gottfried Schmutterer wurden Eltern von Zwillingen, zwei Töchtern, von denen eines noch als Kind verstarb. 1917 wurde Helene geboren. Mit sieben Jahren war sie dann im Neuendettelsauer Neuguineaheim untergebracht worden, während die Eltern in Neuguinea blieben. 1919 wurde auf der Station Sattelberg Sohn Gerhard geboren. Nach 18 Jahren missionarischer Tätigkeit ging Gottfried Schmutterer 1927 mit der Familie nach Neuendettelsau zurück und war dort und in Augsburg noch längere Zeit als Missionspfarrer tätig. Seine Tochter Helene ging 1938 wieder in ihr Geburtsland Neuguinea und heiratete dort in der Kirche ihres Vaters in Ampo Karl Holzknecht, der ebenfalls in der Missionsarbeit in Neuguinea aktiv war. Bei Kriegsbeginn wurde er von den Australiern als NSDAP-Mitglied zusammen mit weiteren Nazianhängern in Tatura interniert. Später kam Helene zusammen mit der Tochter Irene ebenfalls nach Tatura. 1940 wurde Gottfried und 1945 Hartmut geboren. Die Familie blieb dann in Australien, bevor sie 1947 wieder in Neuguinea die Missionsarbeit aufnehmen konnten.

Abb.24: Das Sägewerk Butaueng und auf dem Hügel das Wohnhaus meiner Großeltern

Meine Großmutter Babette gebar am 22. Juli 1923 in der Station in Pola eine Tochter, meine Mutter Martha. Drei Jahre später, am 11. April 1926 wurde dann Sohn Heinrich auf dem Sattelberg geboren. Die Taufen fanden jeweils im Kirchlein in Pola-Finschhafen statt. Auf dem Geburts- und Taufschein meiner Mutter steht die Unterschrift von Missionar Johann Ruppert. Die Familie lebte in Butaueng auf einem Hügel mit herrlichem Blick auf den Bubui und die

Langemakbucht, an der irgendwo am Nordufer Simbang liegt. An der Flussbiegung unten lag das Sägewerk und etwas seitab die ärztliche Hilfsstation Immanuel, auf der vermutlich meine Großmutter als Krankenschwester dem Missionar Johann Stössel zur Seite stand, der sich in Tübingen einige ärztliche Kenntnisse angeeignet hatte.

Die Großeltern und ihre Kinder wohnten ziemlich abgeschieden. Nach Logaueng den Berg hinauf waren es eineinhalb Stunden Fußmarsch durch den Wald. Simbang war mit dem Boot über den Fluß bzw. die Bucht gut erreichbar. Dort lauerten Gefahren durch Krokodile und zu starke Strömungen verhinderten während der Regenzeit eine Überquerung.[197] Weiter oben führte eine gewagt konstruierte Hängebrücke über den Bubui. Jedenfalls waren Kontakte mit Missionskollegen eingeschränkt. Sicherlich gab es sonntägliche Kirchenbesuche in Simbang oder Pola. Jedoch Familientreffen auf entfernteren Stationen waren eine Herausforderung. Zu Land wurden Pferde als Fortbewegungsmittel genutzt. Von den Begegnungen mit Missionsfreunden existieren viele Familienfotos, mit Flierl, mit Zwanzgers, mit Döblers oder der Familie Gottfried Schmutterer. Missionar Jakob Herrlinger mit seiner Frau wohnte unweit auf dem Berg in Logaueng, wo er Schüler unterrichtete. Auch er ist auf mehreren Fotos zu finden. Auf den Fotos sind auch viele Missionarsfamilien zu sehen, die für mich namentlich teilweise mithilfe des Missionsarchivs zuordenbar waren. Meine Mutter kann ich nicht mehr fragen, weil es zu spät ist und sie schon 2014 im schwäbischen Rudersberg auf dem Friedhof ihr Grab gefunden hat. Man war schon irgendwie eine große Familie in der Missionsgemeinschaft.

Abb.25: Hängebrücke über den Fluss

Im Sägewerk des Großvaters arbeiteten zahlreiche einheimische Arbeiter. „Schwarze", wie mein Großvater sie immer nannte. Bäume im Urwald mussten gefällt und die schweren Stämme herangeschafft werden. Im Werk wurden sie dann zu Baumaterial verarbeitet und anschließend verschifft. Auch in der eigenen Landwirtschaft, den Gemüsegärten, den Bananenfeldern, den Palmenwäldern und den Viehställen waren Arbeitskräfte vonnöten. In der Missionsstatistik von 1912 werden 50 für die Station Butaueng angegeben, alle unter dem Regiment meines Großvaters.[198] Meine Mutter in einem Interview 2003 mit Uwe Christian Dech, einem Enkel von Missionar Stephan Lehner: *„Wir hatten z.B. Kühe und Pferde zum Reiten; wir mussten ja auf eine andere Station kommen; dann Hühner, Enten,*

Schweine, das war alles da. Aber ich meine, die Hauptar-beit haben die Einheimischen gemacht, vor allem bei den Großtieren."[199] Wie alle Missionsstationen war man wei-testgehend autark und lebte vorwiegend vom Selbsterwirt-schafteten.

Abb. 26: Maloche in Großvaters Sägewerk

Im Haushalt und bei der Kinderbetreuung waren auch weibliche Einheimische tätig. Für die Unterbringung ent-fernt wohnender Arbeitskräfte gab es ein „Jungenhaus". Es ist befremdend, auf den Fotos die Einheimischen unge-schützt barfuß bei der harten Arbeit zu sehen. In ihren Berichten schreiben die Missionare von der allmorgendli-chen ärztlichen Versorgung der Wunden, bevor es dann wieder an die Arbeit ging. Zumeist waren dies wohl Fälle von tropischen Hauterkrankungen. Auch meine Mutter berichtete von der täglichen Wundversorgung *„unter den Bäumen"* durch die Großmutter. Arbeitsverletzungen dürften jedoch auch die Regel gewesen sein. Man ist geneigt zu sagen: Weiße Gewänder bei der Taufe waren wichtig. Eine schützende Arbeitskleidung an den Beinen hielt man wohl für verschwendete Ausgaben.

*Abb.27: Meine Mutter und ihr Bruder mit Papua-
kindern beim Spiel*

Meine Mutter und mein Onkel wuchsen in Neuguinea als Kinder auf mit engem Kontakt zur Natur. Stets barfuß, denn Schuhe und Strümpfe trug man als Kinder allenfalls sonntags zum Kirchgang. Die Haustiere, die Gärten und Wäldchen luden zum Spiel und zur Erkundung ein und die einheimischen Kinder waren gern gesehene Spielkameraden. Schmetterlinge fangen war beliebt. Ein indigenes Dorf war wohl in der Nähe, wo die Spielfreunde mit ihren Eltern gelebt haben und auch einige Arbeitskräfte herkamen. Die Missionskinder haben das sicherlich alles durchaus als schön empfunden. Kinder kennen nur ihre wertfrei erlebte Welt.

Für meine Mutter Martha änderte sich ihr Leben mitten in ihrer Kindheit schlagartig mit der Einschulung. Ein täglicher Schulgang nach Logaueng oder Simbang war zu weit und nicht praktikabel. Ohnehin waren die Schuleinrichtungen dort für die Kinder der Weißen nicht vorgesehen. Die Mission hatte für die Missionskinder die Lösung parat: Das Internat auf dem Sattelberg. *„Das war schlimm für mich"*, bekannte Mutter später einmal meiner Frau gegenüber. Sie lebte getrennt von den Eltern und nach Hause durften die Kinder allenfalls am einen oder anderen Wochenende und in den Ferien. In der Regenzeit war die

Abb.28: Schulklasse meiner Mutter auf dem Sattelberg.

Fortbewegung ohnehin schwierig. Ein Foto auf dem Heimweg mit ihr auf einem Pferd und begleitet von Papuas hatte sie in ihrem Familienalbum unterschrieben mit „*Endlich Ferien!*". Von der ersten und der zweiten Klasse liegen im Nachlass noch die Originalzeugnisse vor mit der Unterschrift der auf dem Bild sehr gestreng dreinblickenden Lehrerin Martha Schröder. Auch die Kinder machen nach Empfinden des Betrachters keinen besonders glücklichen Eindruck.

Das Buch des oben erwähnten Uwe Christian Dech vermittelt gerade in den Kapiteln mit den eingearbeiteten Lebenserinnerungen von früheren Missionskindern (neben meiner Mutter u.a. auch die mir aus der Erinnerung bekannten Hedwig Hertle, Mara Wagner und Lissi Schuster) eine ganz gute Vorstellung über das missionarische Leben und das Erleben der Kinder der damaligen Zeit auf den Stationen. Beim Lesen ist es schwer zu ertragen, mit welcher Hartherzigkeit die Trennung der Kinder, sei es im Neuendettelsauer Neuguineaheim oder im Sattelberger Internat, von den Eltern in Kauf genommen wurde, alles den Missionspflichten und ihrem Herrgott unterordnend. Stephan Lehner, an den sich meine Mutter noch sehr gut erinnerte, musste erleben und berichtete freimütig, wie schwer seine Frau Clementine an der Trennung von ihren Kindern litt und gesundheitlich zerbrach.[200] Wie es den Kindern bei all dem erging, war nebensächlich, denn sie seien „*ziemlich klein gehalten worden*". Und meine Mutter, bis zuletzt ganz im unhinterfragten Gehorsamsdenken befangen, meinte: „*… man musste ja auch folgen als Kind, das geht ja nicht anders.*"[201] Und doch spürt man die Wehmut, die unterdrückten Wünsche und Sehnsüchte, die hinter dieser Aussage sich verbergen.

Über die Anwendung von Prügelstrafen liest man in den Missionsdokumentationen wenig. Keiner gibt es gerne offen zu, vertritt man doch nach außen ein christliches Bild der Friedfertigkeit und Gewaltfreiheit. Mit Prügeln der Arbeitswilligkeit nachzuhelfen, das war gesetzlich erlaubt und auch in den Missionsstationen „im Felde" war das nicht anders, wie wir im vorhergehenden Kapitel gesehen haben. Schläge erfuhren wir als Kinder zuhause und auch in den Schulen im Nachkriegsdeutschland wurde bis in die 60er Jahre hinein körperlich gezüchtigt, auch von Pfarrern. Es ist schon verstörend, in den Hinterlassenschaften der Missionare zu lesen, dass sie sich über den „mangelnden Erziehungswillen" der Einheimischen erregten, weil diese es unterließen, ihre unartigen Kinder zu schlagen.[202] Auch dem sonst eher wohlwollend urteilenden Uwe Christian Dech war dies bei seinem Großvater Stephan Lehner aufgefallen.[203]

Aus den Erzählungen meines Großvaters kann ich mich noch sehr gut erinnern, wie er stolz davon sprach, immer einen Stock bei sich gehabt zu haben und je nachdem *„dazwischen ging, wenn sie nicht pariert haben"*. Sie seien dann *„gesprungen"*. Ich höre heute noch bei diesen Ausführungen sein gehässiges Lachen, das ich damals ganz und gar nicht so empfunden habe.

Überhaupt erlebte ich meinen Großvater als großen Erzähler. „Krokodilsgeschichten" wollten wir als Kinder immer von ihm hören, und er erzählte gestenreich. Wir hörten voller Spannung zu, auch wenn wir die Geschichten schon zum x-ten Mal gehört hatten. Bis 1956 lebten wir

mit unseren Eltern im Haus der Großeltern in Neuendettelsau in der Haagerstraße 18. 1968 machte sich ein Missi-
onsmitarbeiter die Mühe, Geschichten unseres Großvaters
mit Tonband aufzuzeichnen und zu Papier zu bringen.
Seine „Krokodilsgeschichten" sind im Familiennachlass
hinterlegt.

Abb.29: Heimreise 1931 auf der „Fulda"

1931 reiste die Familie Schmutterer mit den zwei Kindern nach Neuendettelsau zurück und die Missionszeit in
Neuguinea war für sie beendet. Was der konkrete Anlass
war, ist mir nicht bekannt. Meiner Erinnerung nach war es
mit der Gesundheit von Großmutter nicht zum Besten
bestellt. Es war auch immer ein Gesichtspunkt, den Kindern eine gute Ausbildung in Deutschland zu ermöglichen,
wobei es eher Praxis war, die Kinder ins Neuguineaheim
zu stecken, während man im „Missionsfeld" blieb. In Neuendettelsau war Großvater nach seiner Rückkehr weiter bei

der Mission beschäftigt. Ihm wurde die Leitung der Missionsgärtnerei übertragen. Mit auf die Rückreise mit der „Fulda" ging u.a. das Ehepaar Stolz, wobei Missionar Michael Stolz todkrank in Genua von Bord gehen musste und wenig später dort an seiner Infektion verstarb.

Das alte Sägewerk in Butaueng war im zweiten Weltkrieg zerstört worden. Das Antriebsrad der Säge konnte mein Onkel Heinrich Schmutterer bei seinem Neuguineabesuch 1982 im überwucherten Gelände noch auffinden. In dem Gebiet steht heute ein großes Krankenhaus, das *Braun Memorial Hospital*, 1958 als Tuberkulosezentrum gegründet. Der Name erinnert an den amerikanischen Arzt, der ab 1931 in Finschhafen und Madang arbeitete. Ein vergleichendes Bild mit alter und neuer Ansicht ist im Fotoanhang angeführt.

Johann Hertle war der Onkel meiner Mutter, einer der vielen Geschwister von Oma Babette. Er war der Zimmermeister der Mission und war am Bau zahlreicher Missionsgebäude beteiligt. Auch die neue Schiffsbrücke in Finschhafen hatte er zusammen mit dem Deutsch-Australier Paul Helbig, der die große Plantage in Finschhafen (Salankaua) verwaltete, gebaut. In Butaueng war er beim Aufbau der Sägemühle federführend. Johann Hertles Braut Kuni Buschmann war 1911 zusammen mit meinem Großvater nachgereist, aber bereits nach 3 Jahren an Malaria verstorben. Ein Sohn Wilhelm war 1913 geboren worden. Johann heiratete später wieder Laura Meisenhelder. „Tante Lore", wie sie in Mutters Album vermerkt war. Sie war den Bildern nach zu urteilen viel zu Besuch bei meinen Großeltern. 1928 wurde Mariechen geboren und 1931 Alfred. Laut Bericht meiner Mutter hatte der Onkel eine große Schmetterlingssammlung. Auch er war einer jener Missionare, die wegen NSDAP-Mitgliedschaft 1939 von den Australiern im Lager Tatura interniert wurden, wo er 1942 an Herzversagen verstarb.

Abb 30: Friedel Schmutterer darf den „Führer" begrüßen

Nach Überprüfung und Auskunft beim Bundesarchiv in Berlin waren weder mein Großvater noch mein Großonkel Gottfried Mitglied bei der NSDAP. Nachdem so viele der Neuendettelsauer Missionsmitglieder Nazis waren, ist man fast geneigt ein bisschen stolz zu sein, dass der Großvater scheinbar nicht dabei war. Ich hatte ihn einmal gefragt, wen er denn nach seiner Rückkehr gewählt habe und er antwortete knapp und ausweichend: *„Die haben gesagt, da* *gibt es so einen Neuen...*" Doch man war sicherlich stolz in der Familie, als man den Sohn meines Großonkels auf einer Postkarte der Mission sehen konnte. „Missionarskind aus Neuguinea grüßt den Führer!" war das Foto unterschrieben, aufgenommen in Bayreuth im November 1935.

1934 schickte der im vorgehenden Kapitel unrühmlich erwähnte Hubert Stürzenhofecker eine Karte mit Weihnachtsgrüßen aus Neuguinea an meinen Großvater nach Neuendettelsau. Von Karl Holzknecht wurde die Mitgliedschaft bei der NSDAP bereits erwähnt. Gottfried Schmutterer und seine Frau Helene wurden in Neuendettelsau zu einer Geldstrafe verurteilt. Sie hatten für die Mission Spenden gesammelt, was unter den Nazis verboten war, denn Gelder durften nicht ins Ausland transferiert werden.

Im Gepäck auf der Schiffsreise zurück nach Neuendettelsau hatten die Großeltern zahlreiche „Mitbringsel" aus der Papua-Kultur, u.a. kunstvoll verzierte Holzschalen, Taschen aus Kokosfasern, Schmuckketten aus kleinen Schnecken verschiedenster Farben, mit hübschen Verzierungen versehene Körbchen aus Kokosnussschalen, Muschelgeld, präparierte Schmetterlinge, gelbe Kakadufedern, Speere, mit Hundezähnen geschmückte Tragenetze und ein Gemälde vom Elternhaus in Butaueng. Wie der Erwerb der Kunstgegenstände verlief, bleibt im Dunkeln. Für das Neuendettelsauer Missionsmuseum jedenfalls haben die Missionare, vornehmlich bis zum Zweiten Weltkrieg, ca. 2500 Artefakte gesammelt, wobei sich Missionar Georg Bamler schon früh als leidenschaftlicher Sammler und Händler betätigt hatte.[204] Auch die Missions-AG NAMASU beteiligte sich am lukrativen Versandhandel. Heute lagern in den Kellern des Missionsgebäudes 3700 indigene Gegenstände aller Art. Wohl beim Stopp in Aden oder Alexandria nach der Fahrt durch den Suezkanal kaufte mein Großvater einen Wandteppich mit typisch ägyptischen Motiven, ein Landschaftsbild mit Pyramiden und Kamelen. Dieser schmückte Großvaters Wohnzimmer bis zu seinem Tode 1975. Inzwischen vergilbt, nahm ich ihn an mich. Die exotische Ausstrahlung des Teppichs hat mich schon immer fasziniert. Er hing fortan jahrelang an der Wand in

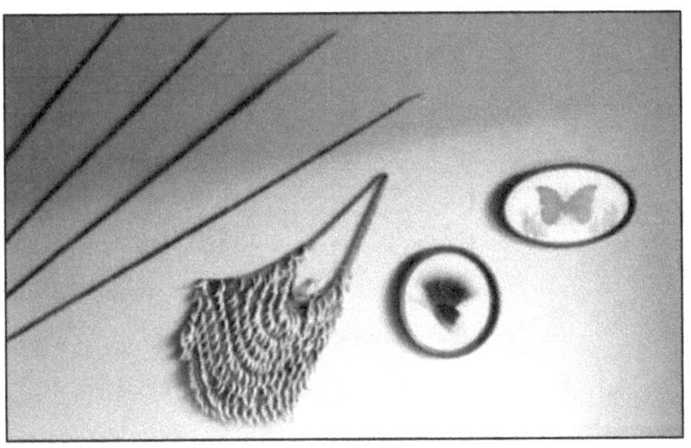

Abb.31: Kolonial-Souvenire aus Neuguinea, im Wohnzimmer meiner Familie gelandet

meinem Studentenzimmer in Heidelberg und meiner späteren Wohnung. U.a. Pfeile, ein wunderschön blauer Schmetterling (ein Morpho didius, wie ich herausfinden konnte), farbenprächtige Paradiesvogelfedern und eine mit Hundezähnen behangene Netztasche zieren heute unser Wohnzimmer in Rudersberg. Andere Kulturgegenstände bewahren meine Geschwister auf. Bei meinem Sohn Sebastian steht noch die alte, eisenbeschlagene Überseekiste aus schwerem Tropenholz und mit den Kürzeln „J. Sch." versehen als dekorativer Tisch vor seiner Couch. Meine Mutter hatte die Kiste lange aufbewahrt gehabt.

In Großvaters Haus in Neuendettelsau in der Haagerstrasse befand sich lange Zeit in einer eigens für den Zweck gezimmerten hohen Kommode mit zahlreichen Schubladen eine große Sammlung von Insekten und Schmetterlingen, sorgfältig mit Nadeln aufgespießt und beschriftet und von großen Glasfenstern geschützt. Ich war immer davon ausgegangen, dass auch mein Onkel Heinrich Besitzer war und den Bestand mitzubewahren half. Prof. Dr. Heinrich Schmutterer, der er später wurde und den die Natur nie losgelassen hatte, wurde zu einem engagierten Phytopathologen

Abb.32: Schmutterer Drive in Lae

und er war lange Jahre Institutsleiter an der Universität in Gießen. Von nicht wenigen wird er *„Vater des Niembaums"* genannt, weil seine Forschungen die vielseitigen Anwendungsmöglichkeiten dieses Baumes gezeigt hatten.[205] Seine Studien und Projekte führten ihn u. a. auch in den Sudan, nach Kenia, die Dominikanische Republik und auf die Philippinen. Von ihm gibt es zahlreiche Veröffentlichungen über tropische Insekten und Schildläuse. Ehrungen im In- und Ausland wurden ihm zuteil. Ich besitze heute noch einige Erinnerungsstücke, die er für mich auf seinen Reisen nach Afrika mitgebracht hatte.

Der Missionar und Bruder meines Großvaters, Gottfried Schmutterer, erschien mir immer als ein etwas abgehobener, „hochwürdiger" Mensch, stets mit weißem Stehkragenbund geziert. Mein Großvater war da etwas bodenständiger und hemdsärmeliger. In Missionskreisen war der Pastor wohl angesehener als der Sägemeister. Gottfried Schmutterer hatte nach seiner Einreise 1909 nach Neuguinea zunächst Missionar Stephan Lehner auf Kap Arkona unterstützt. Danach baute er wie berichtet die Station in Lae auf. Noch heute ist dort eine Straße nach ihm benannt, der „*Schmutterer Drive*". Mein Onkel Heinrich hatte das Schild 1993 bei seinem zweiten Besuch in Neuguinea fotografiert. In der Gemeinde der Lutheran Ampo Church ist Gottfried Schmutterer als Gründer bis heute wohlbekannt und verehrt. Die Kirche ist das einzige noch existierende Vorkriegsgebäude Laes, 1933 aus Festholz an der Stelle errichtet, wo er 1912 die erste aus Buschholz gebaut hatte. 2005 wurde sie renoviert. Man sieht: Aus kulturhistorischer Sicht kann Kirchengeschichte durchaus interessant sein, auch im Kleinen, zumal wenn sie mit Familiengeschichte verquickt ist.

5. Gedanken zur Rolle der Mission im Kolonialismus

"Als die ersten Missionare nach Afrika kamen, hatten sie die Bibel und wir das Land. Sie forderten uns auf zu beten. Und wir schlossen die Augen. Als wir sie wieder öffneten, war die Lage genau umgekehrt: Wir hatten die Bibel und sie das Land."

(Desmond Tutu, verstorbener Bischof von Johannisburg in Südafrika und Friedensnobelpreisträger)

„Johann Flierl hat uns das Licht der Hoffnung Christi gebracht und die Blutrache beendet!"

(Einwohner über den Missionspionier Johann Flierl; aus einem Bericht des Urenkels Friedrich Flierl nach einem Besuch in Papua-Neuguinea)

Zwei Aussagen voller Gegensätzlichkeit. Der eine politisch-kritisch, der andere unpolitisch-apologetisch. So ist man geneigt, das zu beurteilen.

Es dauerte nahezu 100 Jahre, bis die Kulturgüter kolonisierter Völker in den deutschen Museen in den Fokus der Diskussion gerieten und die Eigentumsfrage öffentlichkeitswirksam gestellt wurde. Wesentlich dazu beigetragen hatte Götz Alys Buch „Das Prachtboot",[206] eine gründlich recherchierte und beeindruckende Abhandlung, die die Abscheulichkeiten beim Raub der indigenen Kunstschätze in den ozeanischen deutschen Kolonien enthüllt. Die Rolle des deutschen Kolonialismus und die der christlichen Missionstätigkeit geriet bei der Debatte dabei notwendigerweise ebenfalls in den Blickpunkt.

Am Anfang war die Axt

Eigentlich kann das Thema Missionierung so unstrittig nicht sein. Wäre es nur um reine Missionierung gegangen im Sinne einer Bekehrung zum Christentum, hätte das Ziel sein müssen, den „heidnischen Aberglauben" einfach zu ersetzen durch den christlichen Glauben. Ein Austausch der Religion, eine organisierte Konvertierung in großem Maßstab. Statt Glaube an Geister, Zauberei und böse Mächte Glaube an das Gute, an „Erlösung" und „ewiges Leben". Weil aber die Papuavölker in den Augen der Neuendettelsauer Missionare menschheitsgeschichtlich auf einer niedrigeren Entwicklungsstufe standen, war von vornherein beabsichtigt, mit der Missionierung zugleich eine Auflösung der gesellschaftlichen Lebensweise der „Wilden" und eine Hinführung zur „überlegeneren" Lebensweise, zum europäischen Wertesystem und der Art wirtschaftlichen Handelns zu erreichen.[207] Es ging nie darum zu bekehren, das überlieferte gesellschaftliche Zusammenleben jedoch unangetastet zu belassen, wenn auch verbreitete unmenschliche und oft tödliche Rituale keineswegs verteidigungswert waren. Es ging auch nicht um eine Bekehrung und zusätzlich Hilfe beim eigenständigen Wirtschaften, Sicherung der Naturressourcen und Abwehr von fremder Landnahme. Dies wäre dann eine Art Befreiungstheologie gewesen. Nie hätten die Kolonialherrn die Missionare mit dieser Zielstellung ins Land gelassen. Nie war das in den damaligen Missionen postuliert worden. Es ging bei der Missionierung immer auch um zeitgleiches Erreichen von Akzeptanz von Landnahme, Akzeptanz von Ausbeutung der Naturressourcen durch Fremde, Akzeptanz von Bedingungen von Arbeit, die sich dem Wohl fremder Mächte unterordnet. Gesellschaftliche eigene Entwicklungsperspektiven für die Einheimischen waren nur innerhalb des kolonialen Herrschaftssystems angedacht gewesen. So gesehen waren für das kolonialistische Herrschaftsstreben die Missionare bestenfalls „nützliche Idioten", die mit ihrem Christentum gleichzeitig die Akzeptanz der kolonialen Fremdherrschaft predigten und so die Bedingungen einer ungestörten kolonialen Ausbeutung verbesserten. Die zugehörigen religiösen Kampfbegriffe waren Friede, Ergebenheit, Gehorsam. „*Geistige Zurichtung*", wie Katharina Döbler es nennt, trifft die Sache durchaus. Die Begegnung zweier unterschiedlicher Kulturen wie der europäischen und der indigenen geschah von vornherein unter Bedingungen einer eklatanten Ungleichheit, die gleichermaßen der Kolonisierung wie auch der Missionierung in die Hand spielte. Und dies wussten die neuen Herren trefflich auszunutzen.

Die Missionare der ersten Generation waren eigentlich harte, robuste Männer. Zaghafte und ängstliche Charaktere waren da nicht brauchbar. Ein zupackendes Wesen war da gefragt. Schließlich mussten sie sich Menschen nähern, deren Sprache sie nicht kannten, von denen sie nicht wissen konnten, ob Feindseligkeit sie erwartete, und dies in einer tropischen Region, wo das hohe Risiko von oft tödlichen Krankheiten bekannt war. So manche vorgegebene Berufung zur Missionierung dürfte mit viel Bereitschaft zum Abenteuer gepaart gewesen sein. Mit dabei war auf jeden Fall immer das drängende Pflichtbewusstsein, angesichts der permanenten Aufrufe der Missionsobersten „hinauszugehen". Vor der Abreise gab es eingehende Tauglichkeitsprüfungen. Aber ohne sichere Rückzugsgebiete, ohne eine wenigstens halbwegs etablierte staatliche Administration mit Polizeibefugnissen an den Küstenstreifen der Huon-Halbinsel hätte wohl das Abenteuer Mission auch nicht stattgefunden. Ohne Kolonisierung keine Missionierung.[208]

Wie man das auch sehen mag, die harte Arbeit bestand zuallererst darin, die fremde Sprache zu erlernen, anfangs Yabim. In Neuguinea hatte jeder Stamm seine eigene Sprache, wenn auch viele verwandt. Dafür gab es kein Wörterbuch, sondern das ging nur erfolgreich durch Kontakte und mühevolle Aneignung der indigenen Sprachbegriffe, deren Umfang allerdings überschaubar war und erst komplex wurde, weil und wenn es galt, umgekehrt christliche Kategorien und Begrifflichkeit den Indigenen nahezubringen. Vertrauen zu gewinnen war da wichtig, und der beste Zugang war schon immer, mit Geschenken zu kommen, was bei jedem Menschen Wirkung zeigt. So hatten die Missionare Kisten voll Lockmittel mitgebracht, die jeden Einheimischen faszinieren mussten: Äxte, Beile, Messer, Stoffe oder auch nur Streichhölzer oder Glasperlen. Einmal Vertrauen gewonnen, konnten die Mechanismen der Bekehrung im Grunde sehr einfach sein, wenn man sie geschickt nutzt. Man musste nur die Errungenschaften der weißen Zivilisation als Werk des Gottes der Weißen uminterpretieren und darstellen und so Zweifel unter den Einheimischen am eigenen tradierten Glauben an Geister und Zauberei wecken. Nicht zufällig gelang die Bekehrung zuallererst bei den mehr für Neues interessierte Jungen und nicht bei den Alten. Aber mit einem Schießprügel und einem lauten Peng einen Vogel in der Luft abzuschießen, das imponiert allen. Und auch noch später, als die erste Junker landete und dem Blechvogel ein Weißer entstieg, staunten Hunderte an der Landebahn. Da müssen doch mächtigere Kräfte am Werk sein...

Ihre technisch fortgeschrittenere Entwicklung spiegelt sich in den Köpfen der Weißen als rassische und kulturelle Überlegenheit wider. Von der entsprechenden Geisteshaltung waren auch die Missionare nicht frei. Bei den Indigenen wiederum löste dies ein Unterlegenheitsgefühl aus und befördert das Bestreben, es den Weißen gleich zu tun und deren Glauben und Angebote anzunehmen. So erzählt uns A. Metzger in der Neuendettelsauer Jubiläumsschrift „75 Jahre Neuguinea-Mission" schwärmerisch: „*Wie von einem mächtigen Zauber gebannt, schaut der Papua auf Glanz und Reichtum, den die westliche Welt vor ihm ausgebreitet hat. Er sucht den Anschluss an diese Welt mit heißem Begehren und ist überzeugt, dass er ihn nur auf dem von den Weißen vorexerzierten Weg erreichen kann."*[209] Der ansonsten im christlichen Weltbild verpönte profane Materialismus erfährt im Arsenal der Missionierung neue Weihen.

Am Anfang war die Axt.[210] Das heiß begehrte Werkzeug stand symbolisch für den Einbruch in das indigene Dasein. Die Axt drang ein in die Seele, weckte wirtschaftliches Interesse und schuf den Wunsch nach Waren der Weißen.

Die Attraktivität des Warenangebots unterstützte die Missionare wesentlich nicht nur bei der Demonstration der technologischen Überlegenheit der Weißen, sondern zugleich auch der Überlegenheit des christlichen Glaubens, wird doch der Gott der Weißen als Schöpfer all der europäischen Errungenschaften wahrgenommen. Die Attraktivität des Evangeliums in isolierter Betrachtung scheint dagegen bei der missionarischen Rekrutierung marginal. Und selbst diese „Attraktivität" trägt ein zwangsbehaftetes Moment, eine Bedrohung in sich, wo doch der christliche Glaube derart auftrat: *„Von uns aus aber schlug auch die Kunde von einer jenseitigen Vergeltung an ihr Ohr von einer Bestrafung der Bösen und einer Belohnung der Gott Wohlgefälligen. (...) So tat sich eine neue Welt mit Ewigkeitsaussichten vor unseren Eingeborenen auf. Das Licht schien auch in ihre Finsternis. Das gleichgültige, gedankenlose Dahinleben ging nicht mehr so wie früher. Das Gesetz pochte an die Herzen und machte das fast verstorbene Schuldgefühl wieder rege, ihr Gewissen richtete und* *verdammte sie zugleich.*"[211] Und systematisch wurde die Attraktivität des christlichen Glaubens zu forcieren versucht durch Täuschung über tatsächliche, ganz profane Grundlagen. Naturereignisse werden als Wille der großen Macht des Gottes der Weißen umgedeutet und J. Flierl konnte nach dem schweren Erdbeben 1906 zufrieden verkünden: „*Die Leute waren nun schon so weit vorbereitet, dass sie in dem gewaltigen Naturereignis die Hand des Allmächtigen erkannten und geneigt wurden, sich seinem Dienst zu ergeben.*"[212] Nicht anders bei den missionarischen medizinischen Hilfen, indem die Missionare die indigenen, von Zauber und Magie bestimmten Vorstellungen über Heilung und Sterben nutzten, um wiederum selbst ihr medizinisches Wirken in einen religiösen Kontext zu stellen. Medikamentöse Heilung oder auch das Sterben werden als gottgelenktes Ergebnis verkauft. Irrationalität verdrängt Irrationalität und die Indigenen sind um eine neue, machtverheißende Zauberformel reicher.[213] Die Axt verschaffte sich Zugang im Bereich der religiösen Sphäre und fand beste Voraussetzungen, die neue Religion an die Indigenen heranzutragen. Ist einmal eine Zwischenstufe geschafft, wo Einheimische sich als Prediger und Multiplikatoren unter ihren eigenen Dorfbewohnern betätigen, hat man viel gewonnen und der Prozess der „Bekehrung" der Indigenen beschleunigt sich. Die vielen Massentaufen deuten an, dass „Christianisierung" erreicht werden kann auch ohne wirkliche Konversion und überzeugte Abkehr vom Alten. Das wird auch von den Missionaren nicht bestritten und wird von der Geschichte der Missionierung auf der Huon-Halbinsel belegt.[214]

Am Anfang war die Axt. Sie markierte den Beginn des Eintritts der Indigenen in die europäische Warenwelt und in die neue verheißungsvolle Religion. Sie markierte aber auch gleichzeitig den Beginn der Einbindung in ein neues System ökonomischen Handelns, in ein System der Abhängigkeit, in den Kolonialismus. Die Mission beließ es nicht dabei, die „Heiden" zu bekehren und das Christentum in der Kolonie zu verbreiten. Das Kolonialsystem lebt davon, zur Bewirtschaftung von Plantagen der Siedler und Gesellschaften, zum Abbau von Bodenschätzen und zur Unterstützung der Tätigkeiten in Verwaltung und Infrastruktur einheimische Arbeitskräfte einsetzen zu können. Die Mission rühmte sich, hier Besonderes geleistet und *„tüchtiges und zuverlässiges Arbeitsmaterial"*[215] geliefert zu haben. Die Erziehung in den Schulen auf den Missionsstationen und das Werben unter den Indigenen entsprach hier in vollem Umfang den Erwartungen der Kolonisatoren.

Und die Mission ging noch weiter. Mit dem Plantagenaufkauf, eigener Landwirtschaft und eigener Versorgungsinfrastrukturen wurde sie selbst zum privaten Großunternehmer, der auf eigenen Besitztümern zahlreiche einheimische Arbeitskräfte ohne oder mit geringeren Löhnen als bei den nichtkirchlichen Unternehmen schuften lässt. Sogar Schulgeld für die Kinder in den „Zuchtanstalten" war zu entrichten, von den Eltern oder den Kindern selbst, indem man ihnen das durch Arbeit in der Station verdiente Taschengeld abnahm.[216] Die Indigenen schafften das Geld heran für die Kosten ihrer eigenen Bekehrung und sorgten für die Mehrung der Besitztümer, des Wohlstandes und der

Annehmlichkeiten in den Missionseinrichtungen.[217] Die Mission machte sich kolonialistische Praktiken der Ausbeutung und Disziplinierung zu eigen. Der Missionar war Missionar und kolonialistischer Unternehmer in einem. Dass die Profite nicht Einzelpersonen zuflossen, sondern in die Missionskassen gingen und dass es „innerbetrieblich" auch Unterschiede, sicher auch moderatere Umgangsformen im Vergleich zu den nichtmissionarischen Niederlassungen gegeben hat, kann man konstatieren, konstruiert jedoch keinen strukturellen Wesensunterschied und ändert von daher nichts an den realen Herrschaftsstrukturen.

Gerade bei der Neuendettelsauer Lutherischen Mission rund um Finschhafen war das interne koloniale Regime augenfällig. Eine Kolonie mitten in der Kolonie, mit den Merkmalen eines Staates. Bei Katharina Döbler ein „Gottesstaat". Die Missionare konnten nach eigenem Gutdünken schalten und walten. Auf ihren Stationen waren sie die unumschränkten Herrscher, eine abgehobene, privilegierte Führungsschicht. Die Eingeborenen waren völlig entrechtet. Gleichsam als Finschhafener Enklaven zogen sich die Missionsniederlassungen die Huon-Küste entlang und in das Hochland hinein. Die übergeordnete und koordinierende politische, wirtschaftliche und missionarische Lenkung und Kontrolle im Missionsgebiet erfolgte auf sog. Hauptkonferenzen, zu denen i.d.R. jährlich vom Finschhafener Feldleiter einberufen wurde. Einheimische „Laienmissionare" hatten dort freilich nichts zu suchen. Die Berichte gingen an das Headquarter in Neuendettelsau, wo man sich des erfolgreichen Verlaufs in „ihrer Kolonie" vergewisserte. Es ging um Bewahrung der hierarchischen Ordnung und der Reinheit des christlichen Glaubens, Stärkung der missionarischen Machtposition und der Weiterentwicklung der wirtschaftlichen Strukturen. Christine Winter nennt diesen Apparat mit seinen hierarchischen Strukturen und der Machtfülle „Missionsmaschine" („*mission machinery*")[218] Der koloniale Staat hielt sich weitgehend zurück. Die deutsche Kolonialverwaltung beließ es bei gelegentlichen Besuchen. Der australischen Administration nach dem ersten Weltkrieg genügten Kontakte vorwiegend auf dem australischen Festland über Mittelsmänner aus Missionskreisen wie z.B. Otto Theile, dem Leiter der lutherischen Niederlassung in Brisbane.

Es gab im Missionsgebiet eine von den Missionaren geschaffene sozioökonomische und politische Binnenstruktur, die für die indigene Bevölkerung im Wesentlichen gleiche Negativentwicklungen mit sich brachte wie der Kolonialismus selbst: Destabilisierung und Auflösungsprozesse in den ursprünglichen soziokulturellen Strukturen der Gemeinschaften, Unterwerfung und Zwangsarbeit im neuen System. Da ist der Hinweis auf eine humanere Behandlung und Christianisierung in den Missionsgebieten wenig tröstlich. Die Ausbreitung des Christentums vollzog sich mit dem ersten Kontakt auf einer unreligiösen, herrschaftsgeprägten Grundlage. Das von den Missionaren gezeichnete Bild von Freiwilligkeit bzw. aktiver Zuwendung der Indigenen bei dem Geschehen kann wenig überzeugen.

Zwei Welten trafen aufeinander. Die eine ungerufen und invasiv, die andere misstrauisch und renitent gegenüber dem Unbekannten. Druck und Zwang war nötig, um der invasiven Welt zum Durchbruch zu verhelfen. Es war letzten Endes das Bündel aus Vorschriften zur Zwangsarbeit, Disziplinierung, Besteuerung, Verlockungen und Heilsversprechen, das die Indigenen aus ihren Dörfern und in die Missionsplantagen gleichermaßen trieb und lockte wie auf die Plantagen der kolonialistischen Grundbesitzer. Bei Barzahlung und Münzgeldzwang hatten die Indigenen gar keine Alternative zur Unterwerfung unter das neue ökonomische System. Ihre traditionellen Kaurimuscheln, Eberhauer oder Hundezähne halfen ihnen hier nicht. Ihnen wurde als Tauschmittel auch innerhalb und zwischen den Dorfgemeinschaften mehr und mehr die Grundlage entzogen und 1914 wurde es von der Kolonialregierung für den Handel generell verboten. Die Arbeit diente nicht mehr in freier Selbstbestimmung der eigenen Subsistenz, sondern wurde zur auferlegten Knechtschaft und Zwangsbetätigung für Fremdinteressen. Und dies auf okkupiertem Land, das einst ihnen gehörte.[219] Die Reichsgesetzgebung mit ihren rigorosen Verordnungen zur Arbeitspflicht, zur Disziplinierung, zur Besteuerung und Warenhandel waren keine zu inkriminierende Begleiterscheinung, sondern ein Kernstück, eine politisch gewollte Triebkraft des sozioökonomischen Wandels, die auch in die Missionsgebiete hineinwirkte.[220] Es war dies eine Revolution in der indigenen Ökonomie und des gesellschaftlichen Zusammenlebens, eine Revolution „von außen", durch fremde Mächte. Allein die humangeographischen Verhältnisse verhinderten eine flächendeckende Ausdehnung der aufgezwungenen Ökonomie. Weite Teile im Kaiser-Wilhelmsland waren als

Bergregion für Plantagenwirtschaft ungeeignet und die verstreuten und vielerorts voneinander isolierten Dorfgemeinschaften in unzugänglichem Gelände verhinderten den Zugriff. Subsistenzwirtschaft und alte soziokulturelle Strukturen blieben so im Kern dort erhalten. Der Kolonialismus in Neuguinea siegte insofern nur teilweise und er hinterließ duale sozioökonomische Verhältnisse.

Ein Ringen um die Deutungshoheit

Viele der von mir erläuterten Aspekte in der Missionsgeschichte haben in den ideologischen Sichtweisen und den Rechtfertigungstheorien vieler Missionare und ihrer Mitstreiter keinen Platz, weil mit der Annahme der Wirkung eines Faktors Gott und dem unhinterfragten Auftrag der Verbreitung der christlichen Religion, der *„Erlösung der Heiden"*, notwendigerweise die Interpretation apologetisch werden muss. Dem Hauptziel der Bekehrung und der Verbreitung des christlichen Glaubens ist alles untergeordnet, denn es ist letzten Endes der Auftrag Gottes. Eine theokratische Legitimation, die die Hinführung der *„Wilden"* zur Zivilisation mit einschloss. Man glaubte die höhere Moral auf seiner Seite zu haben. Der Zweck heiligt die Mittel. Kolonialistisches Tun und Treiben wird so immer relativ gesehen. Politisch-gesellschaftliche Fehlentwicklungen und deren Unterstützung werden nicht als Ergebnis von Kolonialisierung mit eigener Mitverantwortung interpretiert, sondern eine strikte Trennung und Differenz von Mission zu den Herrschaftsstrukturen außerhalb behauptet.

Die Herrschaftsstrukturen im Missionsgebiet selbst bleiben unthematisiert oder ihre Existenz wird mit Bildern eines liebevoll-idyllischen Miteinanders von Missionsführern und Untertanen verdeckt oder negiert. Mission wird auf diese Weise verkürzt dargestellt als bloßes Vermitteln christlicher Ideale, als *„reinen Idealismus ohne Nebengedanken"*, während man mit der *„selbstsüchtigen Kolonialpolitik"* außerhalb der Missionen nichts zu tun haben will.[221] Eine Gemeinschaft gutwilliger Christen zu sein, die nur das Wort Gottes „hinaustragen" wollen, war fester Bestandteil des Selbstverständnisses der Missionare. Auch in der implizierten Attacke gegen die indigene Kultur sahen sie nichts Verwerfliches.

Die jeweilige spezielle Ausgestaltung der Missionierungswege und ihre Einordnung im kolonialen System mag durchaus eine differenzierte Betrachtung erfordern. Meine Ausführungen in diesem Kapitel zur Rolle der Mission haben in erster Linie die Geschichte der Neuendettelsauer Mission vor allem von 1886 bis zum 1. Weltkrieg, aber auch die Jahre darüber hinaus, als Beurteilungsgrundlage. Es geht also um die Zeit der Missionierung Neuguineas während der deutschen Kolonisierung und den Anfangsjahren unter der australischen Kolonialverwaltung. Es ist dies eine Periode, in der eine weitgehend unberührte indigene Kultur sich mit fremden Mächten konfrontiert sah. Tatsächlich zeigte das Missionierungsgeschehen in länderübergreifender Betrachtung und während unterschiedlicher Etappen vielfältige Erscheinungsformen. Die zahlreichen europäischen Missionen arbeiteten durchaus mit teilweise verschiedenartigen Konzepten in ihren Kolonien, auch die deutschen. So gibt es Berichte von Missionaren, die in die Dörfer der Indigenen gingen, mit ihnen auf den Feldern arbeiteten und in Einzelkämpfermentalität eine individuelle Bekehrung versuchten. Vereinzelt getrauten sich auch manche Aufrichtige, die Praktiken der Kolonialregierung heftig anzuprangern, während andere von ihren Regierungen für die Unterstützung der Kolonialtruppen kaiserliche Auszeichnungen entgegennahmen.[222] Missionare kamen teilweise vor den Kolonisatoren, teilweise mit ihnen und teilweise nach der kolonialistischen Unterwerfung der Indigenen. Mögen auch einzelne Missionarsaktivitäten und ihre Haltungen ziemlich verschiedenartig gewesen sein, die Missionen als Institutionen waren immer irgendwie mit kolonialstaatlichen Strukturen verbandelt, internen wie externen. Eine Befriedungsfunktion kann nicht abgesprochen werden. Jedoch hier die Hauptseite zu sehen und daraus eine Rechtfertigung abzuleiten, versperrt den Blick auf das tatsächliche Geschehen. Und selbst dieses befriedende Vorgehen hatte zum Ergebnis, was auch bezweckt war: mit einer Ersatzreligion zugleich eine weitestgehende Auflösung und Eliminierung der traditionellen indigenen Kultur.

Bei den heutigen Versuchen einer kritischen Aufarbeitung der Vergangenheit, bei der man verschämt eine Schuld einräumen muss, bleiben die Missionsgesellschaften in ihren Grundpositionen weiterhin dem Bild einer eigenständigen, im Grunde gegen die Kolonialmächte gerichteten Institution mit unverrückbarem christlichen Wertesystem treu. Die derzeitige Leitung der 1972 umgetauften Neuendettelsauer Mission „EineWelt" haben Hanns

Hoerschelmann und seine Frau Gabriele inne. Die Hoerschelmanns schreiben, „*Kolonialismus hätte ohne Missionierung wahrscheinlich viel besser funktioniert*".[223] Hier werden Kolonialismus und Mission einander trennend gegenübergestellt. Man will mit dem Kolonialismus selbst nichts zu tun gehabt haben, sondern beteiligte sich angeblich als Störfaktor, als Korrektiv fehllaufender kolonialistischer Entwicklung. Zumindest suggeriert dies obige Aussage und die Beweislage ist dünn. Gräueltaten wurden unter den Augen der Missionare begangen. Nach der Ermordung von 10 Missionsmitgliedern der Katholischen Herz-Jesu-Mission auf einer der melanesischen Inseln der deutschen Kolonie erfolgte eine der grausamen Strafaktionen der deutschen Truppen, das sog. Baining Massaker.[224] Von einem Verhinderungsversuch, schlichtendem Eingreifen oder Grundsatzdiskussion über den Kolonialismus in der Mission ist nichts bekannt. Auch bei Rebellionen von Einheimischen auf der Huon-Halbinsel zeigte sich die Mission aufseiten der Staatsmacht.[225] Man ließ dies geschehen oder schaute weg. Die „Ordnung" in der Kolonie kam offensichtlich auch der Missionierung gelegen. Die „Drecksarbeit" erledigte der koloniale Staat.[226] Und hier wird eine Art Arbeitsteilung sichtbar.

Der Historiker Ulrich van der Heyden will im Verhältnis der Mission und Kolonialherrschaft ebenfalls „*zwei getrennte Ereignisse*" sehen und ergänzt, weil beide gleichzeitig stattfanden, „*konnte man sich nicht aus dem Wege gehen.*"[227] Als sei die Begegnung eine historische Zufälligkeit und als würden hier zwei unabhängige Welten aneinander vorbeiwandeln. Doch die vermeintliche Indifferenz ist bloßer Schein. Missionierung erfolgte auf Grundlage und mit eigenen Praktiken der Kolonialisierung, teilte die rassistischen und expansionistischen Ideologien der weltlichen Kolonisierer. Clemens Pfeffer, ebenfalls Historiker, rückt die Dinge richtig ins Licht, wenn er meint: *„Sie haben sich für einen humaneren Kolonialismus eingesetzt, aber sehr selten das koloniale System an sich in Frage gestellt. Das führt darauf zurück, dass die politische Ideologie der Mission auch eine koloniale war, dass man das auf dieser Ebene nicht trennen kann. Mission baut auf keinem gleichberechtigten Dialog auf, sondern ist ein hierarchisches Verhältnis zwischen Ungleichen. Und das ist auch nichts anderes als das, was die koloniale Ideologie verbreitet hat und getragen hat.“*[228]

Eine besondere Variante der Negierung missionarischer Verstrickungen und des Versuchs einer Reinwaschung ist beim geschäftsführenden Studienleiter der Missionsakademie Hamburg, Anton Knuth, nachzulesen. Für ihn gibt es keine Symbiose. Er stellt in verblüffender Ernsthaftigkeit die Frage: *„Mir erscheint es voreilig, aus dem zeitlichen Zusammenfallen von Kolonialismus und Mission direkt auf ihre inhaltliche Symbiose zu schließen. Könnte eine Konversion zum Christentum nicht ebenso ein Akt der Selbstbehauptung oder Befreiung im Angesicht der kolonialen Macht oder auch gegenüber repressiven indigenen Religionen gewesen sein?“*[229] Hier werden die Geschundenen zu einer *„nach einer neuen Identität suchenden Minderheit“* stilisiert, die nach der christlichen Botschaft suchten. Nicht verwunderlich, wenn er den Bamberger Ethnologen Thomas Bargatzky zitiert, der in der Südsee den

Konversionswechsel gar nicht als Ergebnis von Missionierung, sondern als „*Selbstchristianisierung*" verstanden haben will.[230]

Auffällig in der Diskussion über die Rolle der Mission im Kolonialismus ist die häufige Fokussierung auf das äußere Verhältnis zwischen der Mission bzw. den Missionsgemeinden und den staatlichen kolonialen Institutionen. Die politisch-gesellschaftlichen Strukturen und sozioökonomischen Verhältnisse innerhalb der Missionsgemeinden, vor allem ihre Grundlagen und ihre internen Folgen bleiben häufig ausgeblendet. Soweit thematisiert, wird in bekannter Weise die Abwesenheit physischer Gewalt als positiver Kontrapunkt zur Lage der Untertanen im übrigen kolonialen Staatsgebiet hervorgehoben. Die Mechanismen der ökonomischen Umwälzung und Unterwerfung sind jedoch, wie wir gesehen haben, innerhalb und außerhalb der Missionsgebiete im Kern dieselben. Auf dieser kolonialistisch entstandenen und geprägten Grundlage ist tatsächlich eine weitgehend getrennte Entwicklung zu beobachten, wie manche Historiker in einem anderen Kontext meinen. In den Aktionsgebieten der Missionen entwickelte sich eine Art Parallelgesellschaft mit eigener politischer Führung in Koexistenz mit dem kolonialen Staat, was im Finschhafener Missionsgebiet besonders augenfällig war. Das verbindende Band war die gemeinsame kolonialistische Ideologie und die kolonialistische gesellschaftliche Grundlage. Der sich auf Religion beschränkende Missionierungsgedanke und seine Ausdrucksformen waren das Spezifikum, ein additives Merkmal, das die Verschiedenheit und Trennung hauptseitig charakterisierte und zu moralischen Überhöhungen in der Selbstdarstellung und im Diskurs führte. Dass dieses additive Merkmal die indigene Kultur massiv unterminierte und attackierte, wird gerne ausgeblendet. Der Angriff im Bereich des Metaphysischen blieb den Missionaren vorbehalten. Die neue gesellschaftlich-ökonomische Grundlage und das Herrschaftsverhältnis entstanden jedenfalls auch in den Missionsgebieten nicht aus dem genuinen Gedanken der Missionierung, sondern aus säkularem kolonialistischem Denken und Handeln. Der häufig zur Charakterisierung des Verhältnisses von Mission und Kolonialismus verwendete Begriff der Symbiose[231] benennt zwar richtig das kooperative Zusammenwirken zum gegenseitigen Vorteil. Er greift jedoch zu kurz, soweit er eine Verschiedenheit unterstellt, die in den strukturellen Hauptmerkmalen gar nicht gegeben ist. Die mit beachtlicher Autonomie ausgestattete und weitgehend autarke missionarische Parallelgesellschaft konnte sich auf keinen Fall gegen den kolonialen Staat stellen, sondern musste dessen Wohlwollen erhalten, wissend, dass dieser ihnen auch den geografischen Zugang „ins Feld" öffnet und absichert.[232] Die Position des Historikers und Sinologen Thoralf Klein deutet dies ähnlich an, wenn er meint, *„dass beide eigenständige Phänomene waren, dass aber strukturelle Parallelen zwischen beiden bestanden, die ihnen die Kooperation erleichterten."*[233]

Eine halbherzige Kritik des Geschehens in den missionarisch kontrollierten Gebieten und dessen Resultate muss sich spätestens angesichts heutiger Verhältnisse auch die Frage gefallen lassen, was die Christianisierung den Papuas wirklich gebracht hat. Denn was letztlich zählt ist nicht eine vermeintliche religiöse „Erlösung", sondern sind die erreichten politischen und gesellschaftlichen Verhältnisse und deren Fähigkeit, Freiheit zu garantieren und der Befriedigung materieller und kultureller Bedürfnisse gerecht zu werden. Der Verweis auf die Überwindung und Befreiung von verbreiteten unmenschlichen und oft tödlichen Ritualen in vielen indigenen Gesellschaften ist berechtigt und kann ein Element gesellschaftlichen Fortschritts gewertet werden.[234] Es ist dies ein Aspekt, eine positive Nebenseite der Christianisierung ebenso wie die schulische und medizinische Versorgung. Daraus eine Rechtfertigung des missionarischen Vorgehens abzuleiten, verzerrt die Maßstäbe und relativiert die gravierenden politischen und sozioökonomischen Folgen von Kolonisierung. Auch wird darüber schnell vergessen, mit welcher Barbarei der Kriegsmächte die Papuas während der Weltkriege überzogen wurden. Wie sich die indigenen Gemeinschaften ohne kolonisierendem und christianisierendem Interventionismus von außen entwickelt hätten, bleibt spekulativ. Letzten Endes ist hier die prinzipielle Frage tangiert, mit welcher Berechtigung fremde Mächte in ein Land eindringen dürfen, um deren überkommene Gemeinschaften, auch wenn teilweise mit Unmenschlichkeit behaftet, faktisch oder vermeintlich progressiv zu verändern. Die Frage ist auch in der Gegenwart aktuell, aber durch das universell geltende Völkerrecht ist die Antwort längst gegeben. Imperialismus ist geächtet. Bischof Jack Urame von der Evangelisch-Lutherische Kirche in Lae/Papua-Neuguinea bringt es unmissverständlich auf den Punkt: *„Die voreingenommene koloniale Sichtweise und der im-*

perialistische Ansatz waren diskriminierend und feindselig. Den Einheimischen wurde glaubhaft gemacht, dass die europäische Kultur mit ihrer Weltanschauung besser sei. Die Vorurteile der kolonialen Invasoren begannen, einen neuen Trend der kulturellen Unterdrückung und des sozialen Zerfalls in Papua-Neuguinea zu schaffen. "[235] Das Völkerrecht sollte auch Maßstab in der Diskussion über die damalige koloniale Zeit sein.

Wenig überzeugend sind hier auch globalisierende, zeitübergreifende Betrachtungen, die eine Ambivalenz missionarischen Handelns hervorheben. So zum Beispiel der ansonsten durchaus selbstkritisch argumentierende evangelische Theologe Joachim Wietzke: *„Wer also über das Verhältnis der Mission zum Kolonialismus urteilen will, darf sich nicht auf die imperiale Phase der Westmission beschränken. Stattdessen sollten wir die Forschungsergebnisse der postkolonialen Studien zur Kenntnis nehmen und uns von einem einseitigen Deutungsmuster von Mission und Kolonialismus verabschieden.* "[236] Hier werden Perzeptionen der Missions- und Kolonialgeschichte eingefordert, die die Gewichte zugunsten positiv gedeuteter Entwicklungen und Erscheinungsformen verschieben. Die dunkle Seite der Missionsgeschichte lässt sich nicht durch nachfolgende Entwicklungsetappen aufhellen und relativieren, auch wenn einheimische Christen als selbstbewusste Subjekte, emanzipiert von eurozentrisch gedeuteter Theologie, oder als Anführer von antikolonialen Bestrebungen mit der Bibel als Waffe auf die Bühne traten. Indigenen Widerstand gegen Kolonialismus gab es schon seit Anbeginn und ohne Unterstützung oder gegen die, die Bibel in der Hand hatten. Dies lehrt auch der Neokolonialismus. Es ist geradezu vermessen, die Christianisierung als Schubkraft im antikolonialen Befreiungskampf darstellen zu wollen.

Der weiche Boden der Rechtschaffenheit

Diese meine geschilderte Sichtweise zur Rolle der Mission im Kolonialismus mag unzulässig verallgemeinernd erscheinen, individuelle Verläufe nicht berücksichtigen und deshalb Antikritik hervorrufen. Unbestritten gab es bei den missionarischen Aktivitäten verschiedenartige Ausprägungen, wie bereits oben vermerkt. Das subjektive Denken und Wollen einzelner Akteure kann durchaus in Widerspruch zu dem stehen, was sich letztlich historisch durchgesetzt hat. Geschichtliche Resultate sind mehr als die Summe von Absichten und Aktivitäten der individuell handelnden Personen. Viele Positionen im Diskurs leiten aus der unterstellten rechtschaffenen subjektiven Absicht eine prinzipielle Distanz der Mission zum Kolonialismus ab. Man muss aber konstatieren: Es gab keinerlei Anzeichen eines kollektiven Widerstandes innerhalb der Mission gegen die vielen Gräueltaten des kolonialen Staates.[237] Im Gegenteil. Man lobte die gute Zusammenarbeit mit der Kolonialverwaltung und betrieb im Glauben an die heilsbringende Bekehrung die Totalzerstörung der tradierten indigenen Kultur. Johann Flierl stellte zufrieden fest: *„Das ganze Leben der Papua gestaltet sich nun allmählich um (...).“*[238] In der gleichzeitig betriebenen Ausbeutung auf den eigenen Plantagen und in den Zwangsmaßnahmen zur

Arbeiterrekrutierung sah man folgerichtig nichts Bedenkliches. Georg Pilhofer: *„Grundsätzlich war weder gegen die Anwerbung noch gegen die Besteuerung etwas einzuwenden.“*[239]

Individualistisch eingeengte Erklärungsmuster verschleiern die Geschichte jenseits individueller Rechtschaffenheit. Das Mehrheitsdenken in der Mission war antidemokratisch, deutschnational und kolonialistisch befangen und seit den dreißiger Jahren nationalsozialistisch dominiert.[240] Alternativen hätte es gegeben und waren auch in damaliger Zeit gesellschaftlich und in der Politik, auch in der Kirche, durchaus diskutiert worden. Doch diese Alternativen wurden von führenden Missionskreisen als vaterlandsverräterische oder bolschewistische Positionen angefeindet. Oder auch antisemitisch uminterpretiert, wie z.B. bei Missionsdirektor und NS-Propagandist Friedrich Eppelein: *"Unser deutsches Volk ist leider durch den Geist des Reformjudentums gefährlich angesteckt."*[241]. Im Neuendettelsauer Lutherischen Wochenblatt „Freimund“, das unter Eppeleins Leitung zum Instrument nationalsozialistischer Ideologie wurde, sehnte man den Führer herbei: *„Herr Gott, den Führer sende, der unsern Kummer wende mit mächtigem Gebot“.*[242] Und nach Hitlers Machtergreifung wurde er als *„Retter des Vaterlandes“* gefeiert.

In anderen Ländern waren andere Entwicklungen erkennbar. Kolonialismus alter Prägung stand zunehmend in der Kritik und auch in den europäischen und amerikanischen Missionen hatte nach dem ersten Weltkrieg ein Umdenken eingesetzt. Vor allem in den kolonisierten Ländern selbst regten sich Kräfte, die die Kolonialmächte an das im Versailler Vertrag formulierte Selbstbestimmungsrecht erinnerten und viele sympathisierten mit Gandhis Unabhängigkeitsbewegung im von England kolonisierten Indien. In mehreren Konferenzen in den zwanziger Jahren trafen sich Missionsvertreter vieler Länder, alles andere als bloße kolonialistische Kollaborateure. Die deutschen Missionen berührte das alles nur am Rande.[243] Vor allem die Neuendettelsauer Mission nahm voller Ignoranz unbeirrt ihren unheilvollen Weg.

Der bisweilen vorgetragene Einwand, wie bei Missionar Wilhelm Fugmann oder eines Enkels von Stephan Lehner[244], die Missionare seien auch nur Kinder ihrer Zeit gewesen und man dürfe sie nicht nach heutigen Maßstäben messen, ist gefährlich verharmlosend und inakzeptabel, vor allem auch vor dem Hintergrund der antisemitischen und nationalsozialistischen Umtriebe. Es sollen keinesfalls inhaltliche Parallelen behauptet werden, aber wer heute den menschengemachten Klimawandel ignoriert und notwendige Gegenmaßnahmen ablehnt oder wer den obszönkrassen, unheilvollen Unterschied in der Verteilung des erwirtschafteten Reichtums - ob national oder global - nicht sehen will, ist auch nicht einfach ein Kind heutiger Verhältnisse. So wie es die reine Bekehrung nicht gab, so gab und gibt es auch keine reine christliche Gesinnung. Es gibt immer auch eine politisch-gesellschaftliche Gesinnung, eine Haltung zur erlebten gesellschaftlichen Entwicklung, an der man mitwirkt, zu dem, was akzeptabel erscheint und was nicht. Irgendwie haben es Gläubige für sich immer geschafft, jede Gesinnung, gleich welcher

Richtung, mit ihrer Religion in Einklang zu bringen und sich eine individuelle Ethik zurechtzulegen.

Der unheilvolle nationalistische Mainstream hat sich damals in der Weimarer Republik durchgesetzt, ganz profan, und erfuhr Stärkung durch christliche Legitimation. Selbst verwerflichste politische Gesinnung wurde mit dem Glauben und der Bibel zur Deckung gebracht.[245] Wenige Jahre nach den Schrecken des ersten Weltkrieges endete dieses Denken in einer noch größeren Weltkatastrophe. Wo ich dies schreibe, führt der russische Präsident Putin mit seinen Truppen einen völkerrechtswidrigen Angriffskrieg gegen die Ukraine und das Oberhaupt der russisch-orthodoxen Kirche, Patriarch Kirill, lässt verkünden, es ginge um einen *„heiligen Krieg"* und die Gegner der russischen Armee in der Ukraine seien *„Kräfte des Bösen"*.

Ein bitteres Erbe für die Papuas

Bleibt nachzufragen, wie die gesellschaftlich-ökonomische Lage heute, nach weit über 100 Jahren, in den ehemals missionierten Gebieten aussieht. Was ist aus den Verheißungen geworden, mit denen auch die Mission hausieren ging? In knappen Worten: Die Lage ist desolat, so wie man sie aus vielen ehemals kolonisierten und christianisierten Ländern kennt. Der Großteil der indigenen Bevölkerung in Papua-Neuguinea lebt an oder unter der Armutsgrenze mit hoher Analphabetenquote und ohne gesellschaftliche Entwicklungsperspektive.[246] Trotz reicher Bodenschätze (Gold, Öl, Gas und Kupfer) arbeiten 73,7 % in der Landwirtschaft, zumeist in Form reiner Subsistenzwirtschaft auf dem privaten Garten- oder Feldgrundstück, um die Familie zu ernähren und vielleicht auf dem Markt etwas zu verkaufen. Zum Glück fällt im Regenwald viel Regen, und Trockenheit ist kein Problem wie in Afrika. 97% des Landes ist in Privatbesitz.[247] Zum Schutz der indigenen Besitzstände war 1975 in die Verfassung ein Verkaufsverbot von Land eingebaut. Über ein System von Pacht- und Leasingverträgen, mit bisweilen über 99 Jahre Laufzeit und häufig ergaunert über korrupte Mittelsmänner oder Clanführer, haben heute ausländische Gesellschaften in weiten Teilen ein faktisches Bestimmungsrecht über Regenwaldgebiete, welches vor allem die boomende Holzindustrie für sich zu nutzen weiß.[248]

Nach Reiseberichten von Lehnerenkeln[249] leben die Einheimischen in den Dörfern des Bukawagebietes, also im ehemaligen Missionsbereich ihres Großvaters, noch ähnlich wie vor 100 Jahren. Die Wohnunterkünfte aus Buschmaterial, bisweilen auch mit gesägten Brettern und Blechdach, aber nach wie vor ohne Elektrizität. Bei einigen Bessergestellten, die Erwerbsquellen in Lae gefunden haben, laufen Generatoren, hie und da sind auch Sonnenkollektoren installiert. Ihre erworbene lutherisch-evangelische Religion haben die indigenen Bewohner in der bergigen Region weitestgehend bewahrt. Und unten an den Küsten schwimmt der Plastikmüll, die Hinterlassenschaften der Zivilisation, die ihr Gesicht in der großen Stadt Lae zeigt. Die Oberschicht auf der einen Seite im modernisierten Zentrum mit Parkanlagen, Hotelclubs und Golfplatz.

Und in den Außenbezirken Slumverhältnisse, in denen die Arbeitskräfte der Stadt wohnen, viele davon in sog. Squatter-settlements ohne legales Besiedlungsrecht, aber auch ohne Infrastruktur, ohne Strom und ohne Gesundheitsversorgung, dafür aber weitestgehend in Armut, Verwahrlosung und Kriminalität.[250]

Uwe Christian Dech hat für seine Recherchen auch Kontakt mit Hartmut Holzknecht, einem australischen Ethnologen und Enkel von Gottfried Schmutterer, aufgenommen. Holzknecht lebte längere Zeit in Lae und im Bukawagebiet. Dessen Bericht zu neueren Entwicklungsaspekten fasst Dech so zusammen: *„Die Waldrodungsindustrie, im Wesentlichen von chinesischen und malaysischen Firmen kontrolliert, sei zu einem exorbitanten Geschäft geworden, und Bestechung habe das politische System von ganz Papua-Neuguinea befallen. Nationale, regionale und lokale Institutionen seien gleichermaßen betroffen, weil die Waldrodungsgesellschaften ihre Finger auf allen politischen Ebenen im Spiel hätten. Diese Firmen (...) versprächen den Dörfern neue Schulen, eine bessere medizinische Versorgung sowie Wasserleitungen und Straßen und machten sich die örtlichen Entscheidungsträger so gefügig. Letztlich seien es aber immer nur wenige, die Profit aus solchen Geschäften schlagen.“*[251] Diese Feststellungen liegen über 20 Jahre zurück, haben an Aktualität aber nichts eingebüßt. Die Auswirkungen der Rodungen des Regenwalds sind allenthalben sichtbar in den Erosionsschäden und zunehmender Unfruchtbarkeit von Ackerland. Die eigenen Lebensgrundlagen sind ernsthaft in Gefahr.

Auch die globalen Auswirkungen des Raubbaus am Regenwald werden seitab von NGOs nur wenig zur Kenntnis genommen.[252]

Man möchte sich wünschen, dass die Kirchen in Papua-Neuguinea auf der richtigen Seite stehen im Kampf gegen Umweltzerstörung, Korruption und Armut. Schöne Sonntagsreden und kritische Beiträge in der Kirchenliteratur gibt es genug, aber ansonsten hat man sich weitestgehend abgegeben mit den Verhältnissen. Sowohl Verlierer wie Nutznießer des Systems sind Mitglieder einer christlichen Kirche. Für die Mehrheit der Papuas blieben die Heilsversprechungen Fiktion. Einzelne, wohlgemeinte kirchliche Hilfsprojekte, wie u.a. auch von der lutherischen Mission EineWelt organisiert, konnten und können die Zwangsverhältnisse und die Armutsstrukturen nicht aufbrechen.

6. Nachwort

Was sich damals in Neuguinea im missionarischen Auftrag ereignete, ist aus der Rückschau nur schwer zu verstehen. Schwer, weil zu Vieles des damaligen Geschehens den Ansprüchen christlicher Moral, den Geboten demokratisch-verfassungskonformer Orientierung und antikolonialistischer Grundhaltung widersprach. Die Einforderung dieser Wertorientierung war kein der Wirklichkeit entrücktes Postulat. Es war eine freie Entscheidung, in seiner Haltung rassistisch, antidemokratisch, anti-kolonialistisch und antisemitisch sein zu wollen oder nicht. Genug der damaligen Zeitzeugen entschieden sich anders, verteidigten die Weimarer Republik und setzten sich für Völkerverständigung ein. Schließlich gab es auch einen Dietrich Bonhoeffer.[253]

Viel erschreckender als die Verbandelung mit dem Kolonialismus war die Verbandelung mit den Nationalsozialisten. Eine NSDAP-Ortsgruppe, von Missionaren gegründet und mitten im Zentrum des Missionsgebietes, dem haftet Bizarres an und man rätselt über die Motive. Dem Betrachter der Geschichte der Neuendettelsauer Mission kann eigentlich auch die Eigentümlichkeit nicht entgangen sein, wie ein fränkisch-evangelisches Provinznest, umgeben vom bayrischen Katholizismus, unter den Missionsgesellschaften eine derart bedeutende Rolle gewinnen konnte. Auch die Besitzergreifungen im entfernten Hochland Neuguineas scheinen in ihrer Abenteuerlichkeit befremdend und nicht gerade vernunftgetrieben. Es grenzt gar an Realitätsverlust, wenn die Missionsoberen in Neuendettelsau glaubten, sich bei den neuen Herrschern im Reich als Vertreter einer *„Volksmission"* anbiedern und eine Art Sonderstatus erreichen zu können. *„Victims of their own ambition"* betitelt Christine Winter ihre Analyse zur Entstehung der NSDAP-Ortsgruppe in Finschhafen. Sie sieht die Selbstnazifizierung der Neuendettelsauer Mission im Streben der Institutionsoberen nach *„mehr Reichtum, Macht und Einfluss"* begründet.[254] Diese Sicht scheint plausibel, erscheint aber zugleich dem Nationalsozialismus eigentümlich entrückt, als sei dieser bloßes instrumentalisierbares Vehikel zur Stärkung der Macht der Mission gewesen.

Nationalsozialismus ist eine Ideologie, die sich in allen gesellschaftlichen Gruppen entwickelte und ausbreitete. Sie hat die Missionare auch ohne Ehrgeiz und Machtstreben infiziert. Diese Infizierung ist ein Prozess, und so darf man die Rolle der grundlegenden politischen Einstellungen und der sie tragenden Ideologien bei der Evaluierung nicht ausblenden. Schon in frühen Jahren der Weimarer Republik war die Neuendettelsauer Mission in ihrer politischen Ausrichtung den kaiserlichen Vorkriegszeiten zugewendet. Man war im Kern stramm deutschnational. Dies belegen nicht nur die Wahlergebnisse dieser Zeit.[255] Auch für rechtsradikale, sogar umstürzlerische Einstellungen gab es

Anhaltspunkte. So war z.B. Missionar Adam Schuster Mitglied in einem paramilitärischen Verein, dem „Bund Reichsflagge". Im Privathaus Schusters wie auch in der Missionsanstalt befanden sich illegale Waffenlager, vermutlich mit Wissen des damaligen Leiters Rudolf Ruf.[256]

Die lutherisch-evangelische Sicht auf den Staat wurde bereits Mitte der 20er Jahre Richtung Autokratie gelenkt. In den 1926 neu formulierten Richtlinien für die politische Ausrichtung in der Missionszeitschrift „Freimund" heißt es: *„Die lutherische Ethik fordert nicht ein Eintreten für eine bestimmte Staatsform. Wohl aber liegt in ihrer Konsequenz ein Eintreten für einen starken Staatsgedanken. "*[257] Hier werden weder demokratische Orientierungen eingefordert noch Autokratie explizit ausgeschlossen. Ab 1930 dann wurden alle Skrupel abgelegt. In ihrer Religionstheorie wurde bisher geltendes christliches Staatsverhalten von den Missionsspitzen in Neuendettelsau korrigiert und man beseitigte letzte Hindernisse. So z.B. der Leiter der Diakonie, Hans Lauerer: *"Im Übrigen aber ist klar, dass sich der evangelische Christ zum Staat bejahend stellt, nicht obwohl er ein Christ ist, sondern eben weil er ein Christ ist. Der Staat ist eine Gottesordnung. "*[258] Das Bekenntnis zur nationalsozialistischen Regierung und christlich-lutherischer Glauben wurden in Einklang gebracht. Hitler durfte als *„Retter des Vaterlandes und des missionarischen Lebens"* gefeiert werden.

Politisch-ideologische Einstellungen haben immer eine gesellschaftliche Wirkung, sei es durch Kreuzchen auf dem Wahlzettel, sei es durch Wegschauen, Passivität oder aktive Unterstützung. In diesem strengen Sinne gibt es auch kein unpolitisches Verhalten. Der deutsche Konservatismus der Weimarer Zeit war im Kern antidemokratisch, antisemitisch, antisozialistisch, rassistisch und prokolonialistisch, auch wenn die Muster teilweise unterschiedlich ausgeprägt waren. Es sind dies Komponenten einer Weltanschauung, die auch wesentliche Bausteine der nationalsozialistischen Ideologie bilden. Einmal verinnerlicht, verhindern oder erschweren diese Ideologeme die Bildung einer geistig-moralischen Brandmauer, machen blind für Entwicklungen, die Grundwerte menschlichen Miteinanders infrage stellen und auch christlichen Glaubensprinzipien widersprechen. Genau diese Brandmauer fehlte offensichtlich bei den meisten der Neuendettelsauer Missionaren oder wurde fragil, soweit von ihnen auch der politisch-gesellschaftliche Bezug gefordert war. Begünstigt dürfte dies dadurch gewesen sein, dass Glauben und frommes Handeln individualisiert gelebt und verstanden wurde. Pietistisch verengt sah man sich bei den Lutheranern auf der Seite des Guten. Dem „da draußen" in der Politik war im Grunde nicht allzu viel Beachtung geschenkt worden. Man glaubte sich da heraushalten zu können, die große Politik machen die anderen. So mögen es auf den unteren Ebenen des Missionsapparates viele gesehen haben. Doch diese vermeintlich unpolitische Haltung macht blind und fördert die fehlende Distanz zu rechtsextremen politisch-gesellschaftlichen Strömungen, wie sie Anfang der 30er Jahre im Reich zunehmend dominant wurden. Statt ihre Mission in dieser schwierigen Zeit auf dem richtigen Weg zu halten, agierten die Missionsoberen in Neuendettelsau genau gegenteilig und führten die gesamte Missionsgemeinde in die Komplizenschaft mit den Nationalsozialisten.

Christine Winter will ihre Forschungsergebnisse explizit nicht urteilend oder moralisierend interpretieren[259], also letzten Endes nicht auf zugrundeliegende politisch-moralische Grundeinstellungen rekurrieren. Historische Forschung bleibt so jedoch tendenziell rein deskriptiv dargestellten Ergebnissen verhaftet ohne normativen Anspruch. Gerade beim Thema Nationalsozialismus steht immer die Frage im Raum, wie es dazu kommen konnte, dass missionarisches Verhalten es nicht zuwege brachte, sich davon zu distanzieren. Was ist bei Dietrich Bonhoeffer anders gelaufen? Es soll keinesfalls unterstellt werden, die Missionare hätten sich bewusst und beabsichtigt für die menschenverachtenden und verbrecherischen Ziele der Nationalsozialisten entschieden. Aber die Nazis arbeiteten nicht verdeckt. Der Nationalsozialismus war mit der Machtergreifung 1933 offen zu erlebende Diktatur, Verfolgung und Vernichtung der politischen Opposition und von Minderheiten, Gleichschaltung von Justiz und Presse. Anzeichen dafür gab es auch schon vorher. Die Schilder am Ortseingang und am Bahnhof von Neuendettelsau *„Juden haben in dieser Ortschaft keinen Zutritt!“*[260] waren für jedermann sichtbar. All die Geschehnisse vor den Augen aller machen es so schwer, den Einzug und das Beharren des Nationalsozialismus in den Köpfen der Missionare zu verstehen. Es gab kein Innehalten und Zurückschrecken, auch nicht nach der Reichskristallnacht. Ist eine gesellschaftliche Gruppe durch jahrelange Hetze erst einmal ausgegrenzt, so stellt man auch keine Fragen, schaut verschämt weg, wenn sie verschwindet. Auch nach dem Krieg, als das Ausmaß der von den Nationalsozialisten angerichteten Katastrophe jedem vor Augen geführt war, zeigten die Nazianhänger, ob missionarische oder nicht, keinerlei Reue. Stattdessen Totschweigen, Geschichtsverdrehung, Leugnung. Keiner will dabei gewesen sein und die Entnazifizierung, auch der Missionsoberen, klappte bestens.

Die handelnden Individuen tun dies nach bestem Wissen und im Bemühen um Integrität, heißt es entschuldigend.[261] Gilt diese Entschuldigung auch, wenn sich das Wissen selektiv, Fakten verdrängend und verleugnend selbst einengt und wenn die der Integrität zugrundeliegenden Wertevorstellungen durch internalisierte Ideologismen fragwürdig oder pervertiert sind? Mir fällt es schwer nicht zu verurteilen, auch wenn es sich aus der Rückschau tatsächlich leicht moralisieren lässt. Die Universität Hohenheim bei Stuttgart stellt in ihrer Studie „*Rechtspopulismus, Verschwörungs-Erzählungen, Demokratiezufriedenheit und Institutionenvertrauen in Deutschland 2023*" fest: „*Ein Fünftel der Deutschen hat ein rechtspopulistisches Weltbild. (...) In der Anhängerschaft der AFD sind es sogar 79%.*"[262] Den Prozess der Ideologisierung betreffend sehe ich hier mit Besorgnis Parallelen zur Entwicklung in der Weimarer Republik. Erfreulich, dass sich sowohl die Evangelische Kirche Deutschlands (EKD) wie auch die Katholische Bischofskonferenz klar gegen den aufkommenden Rechtsextremismus positioniert haben. In der Mission ist man mittlerweile aufrichtig bemüht, sich der

Vergangenheit zu stellen. Gabriele Hoerschelmann, Direktorin der Mission EineWelt, schreibt: „*Die Verstrickungen unserer Vorgängerorganisation in den Nationalsozialismus sind kaum zu ertragen. Wir empfinden Scham und tiefstes Bedauern. Deshalb begrüßen und unterstützen wir die kritische Aufarbeitung dieses dunkelsten Kapitels der Geschichte der Neuendettelsauer Mission. Das ist ein wichtiger Teil unserer Leitsätze.*"[263] Im Oktober dieses Jahres fand in Neuendettelsau eine Tagung mit dem Thema „Mission und Nationalsozialismus" statt, an der ich teilnehmen konnte und auf der nichts unter den Tisch gekehrt wurde. Es hat lange gedauert.

Die politisch-historische Wissenschaft sollte sich nicht verstecken und sollte Position beziehen. In der Anklage gegen die Mission verlässt man dann allerdings auch die Ebene der verständlicherweise gerne ausgeübten Schonung von Individuen, Gruppen und Institutionen. Man betritt das Feld der Verletzlichkeiten. Auch Nachkommen sehen möglicherweise ihre Familienehre angegriffen und beschuldigen den Enthüller und Ankläger als Nestbeschmutzer. Dies ist der Preis dafür. Die Wissenschaft sollte ihn bezahlen und Zurückhaltung und Distanz nicht zum Prinzip machen.

7. Anmerkungen

(1) Döbler, Katharina, Dein ist das Reich, Berlin 2021

(2) Dies betonte Katarina Döbler in einer Email an den Verfasser vom 22.1.2023

(3) Fanon, Franz, Die Verdammten dieser Erde, Frankfurt a.M. 1966

(4) Galtung, Johan, Strukturelle Gewalt, Beiträge zur Friedens- und   Konfliktforschung, Reinbeck bei Hamburg 1982

(5) Winter, Christine ist eine deutsch-australische Theologin und Historikerin. Ihre Studien befassen sich vor allem mit Geschichte im australisch-pazifischen Raum, den Beziehungen zu Europa und dem Kolonialismus mit seinen Hinterlassenschaften. Sie arbeitet an der Flinders Universität of South Australia in Adelaide.

(6) Rudolf Ruf war Direktor der Neuendettelsauer Mission von 1920-1928

(7) Rößler, Hans, Nationalsozialismus in der fränkischen Provinz. Neuendettelsau unterm Hakenkreuz, Diakonie Neuendettelsau, 2017

(8) Zum Kapitel zur Geschichte der Kolonisierung wurden v.a. herangezogen: Hempenstall, Peter, Pacific Islanders Under German Rule: A Study in the Meaning of Colonial

Resistance, Published by ANU eView The Australian National University, first published 1978; Overlack, Peter, German New Guinea: A diplomatic, economic and political survey. Journal of the Royal Historical Society of Queensland 9(4); Künkler, Eva, Koloniale Gewalt in Deutsch-Neuguinea und der Raub kultureller Objekte und menschlicher Überreste, Hrsg. Deutsches Zentrum Kulturgutverluste, Band 4/2022; online verfügbare Zusammenfassungen zum Thema Südseekolonisierung:

http://goettingenkolonial.uni-goettingen.de/index.php/orte/die-deutschen-kolonien-/die-deutschen-suedsee-kolonien; https://de.wikipedia.org/ wiki/Deutsch-Neuguinea; Südsee-Schutzgebiete Deutsch-Neuguinea, Marianen, Karolinen und Marshall-Inseln (deutsche-schutzgebiete.de);
https://www.pangloss.de/cms/index.php?page=papua-neuguinea

(9) zitiert aus: Zielpunkte des deutschen Kolonialwesens, Bernhard Dernburg, Berlin 1907. Dernburg war Bankier und Politiker jüdischer Abstammung. Als Mitglied der Deutschen Demokratischen Partei (DDP) war er Abgeordneter im Reichstag von 1920 – 1930.

(10) Aus dem Fleisch der Kokosnuss wird Pflanzenfett und -öl gewonnen. Getrocknet wird es Kopra genannt und war Hauptexportware aus Neuguinea. Die Palmen tragen nach 6 Jahren Früchte und sind bis nach 15 Jahren vollreif. Durchschnittlich trägt ein Baum 50 Nüsse und hält bis zu 50 Jahre. (Ohff, Hans J., Empires of Enterprise: German And English Commercial Interests in East New Guinea 1884 to 1914, S. 84)

(11) Zu den frühen wirtschaftlichen Bestrebungen deutscher Unternehmen siehe u.a. Hempenstall, Peter, Pacific Islanders Under German Rule, a.a.O., S. 123ff; Overlack, Peter, German New Guinea, S. 128ff

(12) J.B. Herrman, Deutschland in der Südsee: Kaiser-Wilhelmsland und Neubritannien, Leipzig 1885, S. 50.

Den überwiegenden Teil dieses Landstriches bilden lange Gebirgszüge mit tiefen Tälern und Hochebenen und über weite Flächen Regenwald. Das Gelände ist nur schwer zugänglich. Mehrere große und kleinere Flüsse führen das Regenwasser an die Küsten, wo sich Sümpfe, Savannen und fruchtbares Schwemmgebiet abwechseln. Während es im Hochland nachts frostig sein kann, sind es an der Küste nachts wie tags das ganze Jahr über um die 30 Grad bei häufig hoher Luftfeuchtigkeit und tropischen Regenschauern. Weite Gebiete dort galten als Brutstätte tropischer Krankheiten.

(13) https://de.wikipedia.org/wiki/Deutsch-Neuguinea;

 Finsch selbst vermerkte, die Papuas hätten „noch weniger" verstanden als von seinen eigenen Übereinkünften. Vgl. Abschrift der Mitteilung Finschs, enthalten in: Comité der Neuguinea-Kompagnie an Bismarck, 21. März 1885, Akte R1001-2800 der Kolonialabteilung des Auswärtigen Amtes, Bundesarchiv Berlin-Lichterfelde.

J.B. Herrmann berichtet von einem Herrn, *„der für eine Spieldose, die er dem königlichen Zulujüngling Dinizulu überließ, 100,000 Acre Land eingetauscht haben soll."* (J.B. Herrman, Deutschland in der Südsee, a.a.O., S. 50)

(14) Overlack, Peter, German New Guinea a.a.O., S. 141

(15) a.a.O., S.148; 1913 waren im Kaiser-Wilhelmsland und dem Bismarck-Archipel 199.900 ha Plantagenland, davon 34.190 ha bepflanzt, siehe Ohff, Hans J., a.a.O., Tabelle 6

(16) Ohff, Hans J., Empires of Enterprise, a.a.O., S. 191. Der Mangel an einheimischen Arbeitskräften wurde schon früh als Problem erkannt und beklagt. *„Es ist bisher nur in*

wenigen Fällen gelungen, für den Plantagenbetrieb in der Südsee die Eingebornen zur Arbeit heranzuziehen. Kräftige Arme gibt es wohl genug, aber fast bedürfnislos, wie die Autochthonen sind, fällt es ihnen gar nicht ein, um Lohn ihre Trägheit zu überwinden." (J.B. Herrmann, Deutschland in der Südsee, a.a.O., S. 47)

(17) Hempenstall, Peter, Pacific Islanders Under German Rule, S. 179. Der Vorwurf kann der Neuendettelsauer Mission nicht gemacht werden. Für sie war „Erziehung zur Arbeit" Bestandteil ihrer Religionspädagogik, auch im Hinblick auf Anforderungen der Kolonialisten. Siehe Pfalzer, Georg, Ist Mission ein positiver Beruf?, Neuendettelsauer Missionsblatt Nr.5 vom 30.5.1911, S. 38

(18) u.a. Overlack, Peter, German New Guinea a.a.O., S. 142; Hempenstall, Peter, Pacific Islanders Under German Rule, a.a.O., S. 132

(19) Sara Müller, Die deutsche Kolonie Neuguinea, a.a.O.; Albert Hahl – Wikipedia, https://de.wikipedia.org/wiki /Albert_Hahl; Overlack, Peter, German New Guinea, S. 142f

(20) Overlack, Peter, German New Guinea a.a.O., S.143

(21) Firth, Stewart G.: New Guinea under the Germans, Port Moresby 1986, S. 73; Verweis bei Carstens, Reinhard, Arbeit und Arbeitsverhältnisse in der Deutschen Südsee, S. 118

(22) Deutsche Kolonialgesetzgebung. Sammlung, Elfter Band Jahrgang 1907, S. 145; Kolonialblatt 1907, S. 703; digitalisiert Staats- und Universitätsbibliothek, Bremen

(23) ebd.

(24) Overlack, Peter, German New Guinea a.a.O., S. 143

(25) Deutsche Kolonialgesetzgebung. A.a.O., S. 251; Kolonialblatt 1907, S. 502

(26) Carstens, Reinhard, Arbeit und Arbeitsverhältnisse in der Deutschen Südsee, a.a.O., S. 120

(27) Hempenstall, Peter, Pacific Islanders Under German Rule, a.a.O., S. 142

(28) Zahleiche Beispiele solcher grausamen Strafexpeditionen dokumentiert u.a. Götz Aly in seinem Buch „Das Prachtboot: Wie Deutsche die Kunstschätze der Südsee raubten", Frankfurt a.M. 1921. Neben Fallbeispielen findet sich eine auf 15 Seiten akribisch zusammengestellte Tabelle der Strafaktionen in den deutschen Südsee-Kolonien bei: Künkler, Eva, Koloniale Gewalt, a.a.O., S. 34-48. Sie bezieht sich dabei v.a. auf: Alexander Krug: „Der Hauptzweck ist die Tötung von Kanaken. Die deutschen Strafexpeditionen in den Kolonien der Südsee 1872–1914", Tönning/Lübeck/Marburg 2005

(29) Das Thema koloniale Gewalt und Plünderungen ist zentraler Gegenstand des Buches von Eva Künkler, a.a.O.

(30) Hiery, Hermann J., Die Baininger, Einige historische Anmerkungen, Uni Bayreuth 2007; Künkler, Eva, a.a.O., S. 82

(31) Eine ausführliche Analyse zu Vorgeschichte und Ablauf der Geschehnisse ist nachzulesen bei Hempenstall, Peter, Pacific Islanders Under German Rule, a.a.O. Kapitel 4, S. 87-112

(32) Carstens, Reinhard, Arbeit und Arbeitsverhältnisse in der Deutschen Südsee, a.a.O., Tabelle 4, S. 232, Quelle: Hahl an AA, 4.9.1904, BArch, R1001, 2309

(33) Steward Firth, The Transformation oft the Labour Trade in German New Guinea 1899-1914, 1976, S. 51; Verweis bei Künkler, a.a.O., S. 13

(34) Ohff, Hans J., Empires of Enterprise, a.a.O., S. 85 und Tabelle 6

(35) Overlack, Peter, German New Guinea a.a.O., S. 152

(36) a.a.O, S. 136ff

(37) Ohff, Hans J., Empires of Enterprise, a.a.O., S. 418

(38) a.a.O, S. 248 Tabelle 11.3

(39) Carstens, Reinhard, Arbeit und Arbeitsverhältnisse in der Deutschen Südsee, a.a.O., Tabelle 8, S. 235, Quelle: Hahl an AA, 4.9.1904, BArch, R1001, 2309

(40) Ohff, Hans J., Empires of Enterprise, a.a.O., S. 151ff

(41) a.a.O., S. 101

(42) Adressbuch für Deutsch-Neuguinea, Samoa, Kiautschou, Zwölfte Ausgabe 1912, Berlin, Hermann Paetel Verlag, Kapitel Bevölkerungsstatistik, S. 1f, digitalisiert Staats- und Universitätsbibliothek Bremen

(43) Südsee-Schutzgebiete Deutsch-Neuguinea, Marianen, Karolinen und Marshall-Inseln (deutsche-schutzgebiete.de)

(44) Eine ausführlichere Bearbeitung der Geschichte von Denzers Abtauchen, der Rolle der Neuendettelsauer Mission sowie Detzners eigenen wahrheitswidrigen Angaben siehe bei Linke, Robert, The influence of German surveying on the development of New Guinea, HS 2 - History of Surveying, Munich 2002, S. 8 -12.

(45) https://de.wikipedia.org/wiki/Deutsch-Neuguinea

(46) Hiery, Hermann, J., The Neglected War : The German South Pacific And The Influence Of World War I, University Of Hawai'I Press, 1995, S. 114

(47) Pilhofer, Georg, Geschichte der Neuendettelsauer Mission in Neuguinea, Band 2, Neuendettelsau 1963, S. 19ff

Anmerkung: Auf die Ausarbeitung von Georg Pilhofer wird bei der Darstellung der Entwicklung der Neuendettelsauer Mission in vorliegendem Kapitel relativ häufig Bezug genommen. Die Ereignisse dieser Zeit sind darin durchaus umfassend und anschaulich geschildert. Auch werden von ihm missionarische Mitstreiter mit interessanten Aussagen zitiert. Etwas Anderes ist seine teilweise tendenziöse und kaschierende Darstellung und Interpretation der Geschehnisse sowie das offene Unterschlagen wesentlicher Fakten in seiner Ausarbeitung. Immerhin war der Mann in führender Position der Mission in Neuguinea und dabei ein Anhänger der nationalsozialistischen Ideologien. Siehe dazu das Kapitel „Die Nazifizierung der Mission".

(48) Hiery, Hermann J., The Neglected War, a.a.O., S. 76

(49) a.a.O., S. 81ff

(50) a.a.O., S. 76ff

(51) a.a.O., S. 57, Tabelle 5

(52) a.a.O., S. 114

(53) a.a.O., S. 53, Tabelle 3

(54) Overlack, Peter, German New Guinea a.a.O., S. 149f

(55) https://de.wikipedia.org/wiki/Lae; Pilhofer, Georg, Geschichte der Neuendettelsauer Mission, Band 2, a.a.O., S. 116ff

(56) https://de.wikipedia.org/wiki/Schlacht_um_die_Huon-Halbinsel

(57) https://de.wikipedia.org/wiki/Deutsch-Neuguinea

(58) Adressbuch für Deutsch-Neuguinea, a.a.O., Abschnitt Missionsgesellschaften, S. 13.

Es waren dies: Liebenzeller Mission, (China-Inland-Mission); Maristen, Gesellschaft Mariens; Verbunden mit deutschen Wesleyanischen Kirchen (Methodisten); Kongregation der Mission vom Heiligsten Herzen Jesu (Hiltruper Mission, Herz-Jesu-Mission); Neuendettelsauer Mission, Gesellschaft für Innere und Äußere Mission im Sinne der Lutherischen Kirche eV; Rheinische Mission (Barmer Mission); Steyler Mission (Gesellschaft des göttlichen Wortes, Kapuziner Mission); Missionsgesellschaft vom Heiligen Geist (Spiritaner, Väter vom Heiligen Geiste)

(59) zur Biographie Johann Flierls: https:// de.know ledgr.com/08471248/ Johann Flierl;_Pilhofer, Georg, Geschichte der Neuendettelsauer Mission in Neuguinea, Band 1, Neuendettelsau 1961, S. 40ff

_Ein sehr informatives, spannend zu lesendes und anschauliches Dokument über die Anfänge der Missionierung, dem Leben der Papuas und den Schwierigkeiten stammt von Flierl selbst, freilich aus der Sicht eines Missionars: Flierl, A. Johann, Gedenkblatt 1885-1910 der Neuendettelsauer Mission in Australien und Neuguinea, Verlag des Missionshauses, Neuendettelsau 1910; Archiviert Universitätsbibliothek Johann Christian Senckenberg, Frankfurt am Main

(60) Ohff, Hans J., Empires of Enterprise, a.a.O., S. 96

(61) Sack, Peter and Clark, Dymphna (Hrsg.), German New Guinea, The Annual Reports, The Australian National University 1979, S. 4f

(62) ebd.

(63) Hempenstall, Peter, Pacific Islanders Under German Rule, a.a.O., S. 166

Anfangs genügten den Einheimischen als Entlohnung Eisenteile, die sie zu Werkzeugen verarbeiteten. Später verlangten sie fertige Beile und Äxte. Zum Teil wurden diese dann mit den Dorfgesellschaften im Hinterland gegen traditionelle Artikel wie z.B. die wertvollen Hundezähne getauscht. Auch wegen schlechter Behandlung zögerten die Bewohner um Finschhafen, überhaupt noch für die NGK zu arbeiten.

(64) Als Vizeadmiral kommandierte von Schleinitz die Erkundungsexpedition im Bismarck-Archipel (1872-75); Overlack, Peter, German New Guinea a.a.O., S. 136

(65) Ohff, Hans J., Empires of Enterprise, a.a.O., S. 106

(66) Kotze, Stefan von, Aus Papuas Kulturmorgen. Südsee-Erinnerungen, Berlin 1905, S. 5 f und andere Textstellen. Der Autor, selbst NGK-Beamte dieser Zeit, berichtet schonungslos und sarkastisch über die desolaten Verhältnisse.

(67)) Ohff, Hans J., Empires of Enterprise, a.a.O., S. 106 *„The first frontier town of GNG was a place for bachelors at best. Rough and filthy, where the daily monsoon washed away the excrement in open drains, it was mosquito infestet. "*

(68) ebd.

(69) Flierl, Johann,_Gedenkblatt der Neuendettelsauer Heidenmission in Queensland und Neu-Guinea : 1885 – 1910, Neuendettelsau, Verl. des Missions-Hauses, 1910, S. 12

(70) a.a.O., S. 13. Die Hütten waren sog. Schwedenhäuser, die aus Deutschland importiert worden waren. Die Zimmerchen von 2,5 m Seitenlänge (8 Fuß) und sie werden als Fiebernester (fever-ridden wholes) beschrieben. (So der Arzt Dr. Schellong, ebd.)

(71) Flierl, Johann, Gedenkblatt, a.a.O., S. 13

(72) Flierl war nicht isoliert. Finschhafen war überschaubar und in der Kantine speiste er zusammen mit den NGK-Beamten. Er berichtet selbst von der freundlichen Aufnahme durch die Beamten. (siehe Pilhofer, Georg, Geschichte der Neuendettelsauer Mission in Neuguinea, Band 1, S. 66) Flierl beklagte sich nicht über die furchtbaren Verhältnisse, weil er sie als gegeben hinnahm und in anspruchsloser Haltung ertrug.

(73) a.a.O., S. 13. Die Evangelisch-Lutherische Kirche von Papua-Neuguinea (ELCPNG) berichtet in ihrer Darstellung der Geschichte der Anfänge, Flierl habe als Pastor „unter den Familien der Beamten" gearbeitet. *„He arrived and worked as a pastor among the German workers' families. He was still not satisfied with his work among the Germans and made a beak through by leaving the German New Guinea Company established station and went to live and work among the natives."* (Batia, Leroy, Brief History and Background of the beginning of Evangelical Lutheran Church Of Papua New Guinea. History Chapter 7). Diese Erzählung ist nach meinem Kenntnisstand nicht zu halten. V. Schleinitz war zum angesprochenen Zeitpunkt der einzige Europäer mit Familie. Nur der Koch und v. Schleinitz' Diener hatten noch ihre Frau dabei, ohne Kinder. Nach den Leitlinien der Kolonialregierung waren die Missionare für die Unterrichtung der Kinder der Europäer zwar vorgesehen (Ohff, Hans J., Empires of Enterprise, a.a.O., S. 97). Von einem Angestelltenverhältnis oder „Arbeit unter den Familien" der Deutschen konnte ich in Quellen jedoch nichts lesen. Flierl bot aus eigener Initiative sonntags Gottesdienste für die NK-Beamten an, wobei v. Schleinitz mit seiner Familie häufig die einzigen Besucher waren. Lediglich Religionsunterricht gab es für die Kinder des Landeshauptmanns. Anderes wurde den Kindern von einem eigens mitgebrachten Pädagogen unterrichtet. Carl Paul beschreibt v. Schleinitz als einen Mann, *„der seine christ-*

liche Gesinnung bei jeder Gelegenheit betätigte." (Paul, Carl, Die Mission in unseren Kolonien, Band 4, Die deutschen Südsee-Inseln, Dresden 1908, S. 130)

(74) Flierl, Johann, Gedenkblatt, a.a.O., S. 23

(75) Paul, Carl, Die Mission in unseren Kolonien, a.a.O., S. 130 und S. 173

(76) Flierl, Johann, Gedenkblatt, a.a.O., S. 24

(77) Hempenstall, Peter, Pacific Islanders Under German Rule, a.a.O., S. 175; seine Darstellung etwas abweichend von Flierl.

(78) Ausschuss der deutschen Evangelischen Mission, (Hrsg.), Neuguinea. Die Neuendettelsauer Mission. In: Die evangelischen Missionen in den deutschen Kolonien und Schutzgebieten, Berlin 1902, Online: Frankfurt am Main, Universitätsbibliothek Johann Christian Senckenberg, 2018, S. 115

(79) Paul, Carl, Die Mission in unseren Kolonien, a.a.O., S. 174

(80) Ausschuss der deutschen Evangelischen Mission, a.a.O., S. 107

(81) Flierl, Johann, Gedenkblatt, a.a.O., S. 26ff. Über das Malariafieber bei seinem Aufenthalt in Simbang schreibt Flierl: *„An dieser Krankheit litten wir alle mehr oder weniger. Bei mir wurden die Anfälle mit der Zeit bösartiger, erst mit tagelangem Brechwürgen, und schließlich stellten sich die gefürchteten Schwarzwasserfieber bei mir ein, von denen ich im Lauf von etwa zwei Jahren wohl ein Dutzend Anfälle hatte. Zu Zeiten litt ich auch an vielen und sehr schmerzhaften Blutschwären. In der Fieberqual sprach ich zuweilen von Flucht aus dem bösen Lande."* (a.a.O., S. 31)

(82) Hempenstall, Peter, Pacific Islanders Under German Rule, a.a.O., S. 167. Margrit Davies hat den Themenkom-

plex Krankheiten und Gesundheitshilfen in Deutsch-Neuguinea bearbeitet. U.a. hat sie auf einer 5-seitigen Liste die Namen aller eines unnatürlichen Todes verstorbenen Europäer zusammengestellt. Ein erschreckendes Dokument, das die Frage aufwirft, warum diese Menschen sich das angetan haben. (Davies, Margrit, Public Health And Kolonialism. The Case of German New Guinea 1884-1914, Australian National University 1992, S. 172-176)

(83) Ohff, Hans J., Empires of Enterprise, a.a.O., S. 98

(84) Paul, Carl, Die Mission in unseren Kolonien, a.a.O., S. 12

(85)) Pilhofer, Georg, Geschichte der Neuendettelsauer Mission, Band 2, a.a.O., S. 72. „Alle Infektionskrankheiten wurden in lückenloser Vollständigkeit eingeschleppt: Tuberkulose, Masern, Keuchhusten, Dysenterie, Typhus, Gonorrhoe, Grippe, Kinderlähmung, Hakenwurmkrankheit, Krätze." ebd.

(86) Fritz Rose war vom 1. November 1889 bis zum 31. August 1892 Kaiserlicher Kommissar von Deutsch-Neuguinea.

(87) Hempenstall, Peter, Pacific Islanders Under German Rule, a.a.O., S. 175

(88) Paul, Carl, Die Mission in unseren Kolonien, a.a.O., S. 130; siehe auch

(89) Flierl, Johann, Gedenkblatt, a.a.O., S. 52

(90) a.a.O., S. 38

(91) a.a.O., S. 40f

(92) Hempenstall, Peter, Pacific Islanders Under German Rule, a.a.O., S. 176

(93) Johannes Deinzer war von 1875–1897 Missionsinspektor in Neuendettelsau

(94) Hempenstall, Peter, Pacific Islanders Under German Rule, a.a.O., S. 176, Anm. 27

(95) Paul, Carl, Die Mission in unseren Kolonien, a.a.O., S. 190

(96) Deutsches Kolonialblatt 1901, S.632, zitiert bei: Paul, Carl, a.a.O., S. 192

(97) Paul, Carl, Die Mission in unseren Kolonien, a.a.O., S. 193

(98) Flierl, Johann, Gedenkblatt, a.a.O., S. 76. Zu Yabem in historischer Sicht siehe: https://de.abcdef. wiki/wiki/ Yabem_language. Ausführungen zur Aneignung der Yabim-Sprache durch die Missionare sowie den Umfang der Übersetzungen finden sich in: Die evangelischen Missionen in den deutschen Kolonien und Schutzgebieten. Kapitel VII. Neu-Guinea 1902, Bericht S. 109 ff

(99) Flierl, Johann, Gedenkblatt, a.a.O., S. 50ff

(100) a.a.O., S. 79

(101) a.a.O., S. 52; Pilhofer, Georg, Geschichte der Neuendettelsauer Mission, Band 2, a.a.O., S. 95

Eine anschauliche Beschreibung der neuen Station und ihrer Entwicklung im Vergleich zum früheren Finschhafen findet sich bei Georg Pfalzer, Neuendettelsauer Mission in Deutsch-Neuguinea, Pola-Finschhafen, Verlag des Missionshauses 1919, S. 12f

(102) Flierl, Johann, Gedenkblatt, a.a.O., S. 92. *„An der Küste können unsre Geschwister nicht ohne Chinin und öftere Erfrischung auf den Bergen auskommen. Es scheint, dass nach sehr langen Fieberpausen oft ganz schwere Anfälle kommen, so auch bei Br. Pfalzer 1903 und bei Br. Raum 1906 . Die verschiedenen Bergstationen nützen uns viel, und wir sollen Gott danken, dass er uns frühzeitig auf die Berge geführt hat."* (ebd.)

(103) Pilhofer, Georg, Geschichte der Neuendettelsauer Mission, Band 2, a.a.O., S. 80f

(104) ebd.

(105) Flierl, Johann, Gedenkblatt, a.a.O., S. 81

(106) Pfalzer, Georg, Pola-Finschhafen, Neuendettelsau, Verlag des Missionshauses, (1919), S.16; Pilhofer, Georg, Geschichte der Neuendettelsauer Mission, Band 2, a.a.O., S. 82

(107) Pilhofer, Georg, Geschichte der Neuendettelsauer Mission, Band 1, a.a.O., S. 84f

(108) Flierl, Johann, Gedenkblatt, a.a.O., S. 52

(109) Pilhofer, Georg, Geschichte der Neuendettelsauer Mission, Band 2, a.a.O., S. 96

(110) Paul, Carl, Die Mission in unseren Kolonien, a.a.O., S. 131

(111) Paul, Carl, Die Mission in unseren Kolonien, a.a.O., S. 173: „*Die Neuendettelsauer Mission sucht bei Anlegung ihrer Stationen gleichzeitig einen größeren Grundbesitz zu erwerben. (...) Soll dieses Missionsland nutzbar gemacht werden, so sind eingeborene Arbeitskräfte unentbehrlich. Sie waren in Simbang und bei den später angelegten Stationen unschwer zu bekommen. Ließen sich die Männer des Yabim-Stammes doch schon für die Plantagen der Neu-Guinea-Kompagnie anwerben. Warum nicht für die Missionsstationen, die ganz nahe bei ihrer Heimat lagen? Es wurden bestimmte Termine und ein ordentlicher Lohn mit ihnen vereinbart. In erster Linie waren sie also Arbeiter im Dienst der Missionare.*“ Diese Version, die Arbeitskräfte seien „unschwer zu bekommen“ gewesen, widerspricht allerdings den Schilderungen von Georg Pfalzer (Neuendettelsauer Mission, a.a.O., S. 10f)

(112) Gründer, Horst, Christliche Mission und Deutscher Imperialismus. Eine politische Geschichte ihrer Beziehungen während der deutschen Kolonialzeit (1884-1914) unter besonderer Berücksichtigung Afrikas und Chinas, Paderborn, 1982, S. 363

(113) Carstens, Reinhard, Arbeit und Arbeitsverhältnisse in der Deutschen Südsee, a.a.O., S. 76

(114) Hoh, Adam, „Über die Taufnamen auf Neuguinea", Neuendettelsauer Missionsblatt 1914 Nr.11, S. 86

(115) Pilhofer, Georg, Geschichte der Neuendettelsauer Mission, Band 2, a.a.O., S. 35f

Eine sehr anschauliche Beschreibung der Differenz von individueller und kollektiver Bekehrungsmethode ist bei Uwe Christian Dech nachzulesen. (Dech, Uwe Christian, Mission und Kultur im alten Neuguinea. Der Missionar und Völkerkundler Stephan Lehner, Bielefeld 2005, S. 41ff)

(116) Zu den Massentaufen sollte man den Zweck der Taufe kennen. Oft besteht das Missverständnis, mit der Taufe sei ein aktives, bewusstes Bekenntnis des Täuflings zum Christentum verbunden. Vielmehr ist dem Täufling eine passive Rolle zugedacht, denn bei den Christen gilt: *„Die Taufe ist etwas ganz Besonderes. Sie zeigt: Der Mensch wird von Gott angenommen. Das bedeutet: Gott liebt ihn und Gott wird ihn begleiten."* (www.ekhn.de/meta/leichte-sprache/taufe-leicht-erklaert.html) Die Hürden sind also nicht hoch, weshalb auch unwissende Babys getauft werden oder eben auch Papuas *„ohne gefestigten Glauben"*.

Zitat Missionar Andreas Zwanzger: *„Freilich sind tiefgegründete, in Versuchungen und Kämpfen erprobte christliche Charaktere noch selten in der Wareo-Gemeinde. Dies liegt schon in der schlaffen, trägen Naturanlage des gan-*

zen Volkes. Sie wollen immer ermahnt, beraten, bewacht, ja geleitet und geschoben sein, und trotzdem haben wir mit trägem Kirchenbesuch, ehelichen Streitereien, auch wohl einmal mit wieder erwachtem Aberglauben und dergl. zu kämpfen." in: Zwanzger, Andreas, Wareo. Entstehen und Ergehen 1903-1915, Neuendettelsau 1916, S. 9

(117) Hempenstall, Peter, Pacific Islanders Under German Rule, a.a.O., S. 175. Zum Thema kollektive Bekehrungsmethoden wäre eine vergleichende Analyse mit den Konzeptionen der katholischen Missionare interessant. Ihre Erfolge sind unbestritten, aber auch ihre größere Finanzkraft.

(118) vgl. Keck, Veronika, Zur Kolonialgeschichte Neuguineas, In: Münzel Mark (Hrsg.), Neuguinea. Nutzung und Deutung der Umwelt. Bd. 1. u. 2. Frankfurt: Museum für Völkerkunde, 1986, S. 101-141.1986; zitiert bei Dech, Uwe Christian, Mission und Kultur im alten Neuguinea, a.a.O., S. 38

(119) Die evangelischen Missionen in den deutschen Kolonien und Schutzgebieten., a.a.O., S. 108ff

(120) Zum Stellenwert der Arbeit in der christlichen Religionspädagogik siehe Gründer, Horst, Christliche Mission und Deutscher Imperialismus, a.a.O., S. 332f

(121) Die Evangelischen Missionen, a.a.O., S. 112; siehe auch Vetter, Konrad, Ein Tag in Simbang, Mitteilungen und Schilderungen aus der Arbeit der Neuendettelsauer Heidenmission, Neuendettelsau 1910, S. 19ff

(122) Pilhofer, Georg, Geschichte der Neuendettelsauer Mission, Band 2, a.a.O., S. 46f

(123) a.a.O., S. 57f, S. 123 und S. 141ff

(124) Vetter, Konrad, Ein Tag in Simbang, a.a.O., S. 32

(125) Carl Strehlow, Unsere australische Mission. Bericht von Hermannsburg, *Kirchen und Missions-Zeitung* 33.13, Tanunda (19 July 1897), zitiert bei: Regina Ganter, The German Difference, published 2018 by ANU Press, The Australian National University, Canberra, Australia, S. 196, (eigene Übersetzung).

(126) Neumeyer, Bericht über das höhere Schulwesen im Kate-Gebiet 1935, zitiert bei Pilhofer, Georg, Geschichte der Neuendettelsauer Mission, Band 2, a.a.O, S. 52

(127) Pfalzer, Georg, Ist Mission ein positiver Beruf? A.a.O., S. 38

(128) Pilhofer, Georg, Geschichte der Neuendettelsauer Mission, Band 2, a.a.O., S. 65

(129) a.a.O., S. 189

(130) Neuendettelsauer Missionsblatt 3/1914: Abrechnung Kopraerträge Plantage in Finschhafen:

1908	Mark	103,00
1909	Mark	1.391,00
1910	Mark	4.666,00
1911	Mark	6.889,00
1912	Mark	13.546,10
1913	Mark	20.243,40

(131) Flierl, Johann, Gedenkblatt, a.a.O., S. 67

(132) a.a.O., S. 38; siehe auch Pilhofer, Georg, Geschichte der Neuendettelsauer Mission, Band 1, a.a.O., S. 146f

(133) Flierl, Johann, a.a.O., S. 70; siehe auch Pilhofer, Georg, Geschichte der Neuendettelsauer Mission, Band 1, a.a.O., S. 156f

(134) a.a.O., S. 72

(135) Hempenstall, Peter, Pacific Islanders Under German Rule, a.a.O., S. 192.

(136) ebd.; siehe auch Pilhofer, Georg, Geschichte der Neuendettelsauer Mission, Band 2, a.a.O., S. 148f

(137) Flierl, Johann, Gedenkblatt, a.a.O., S. 73

(138) Ruppert, Johann, Neuendettelsauer Missionsblatt 1911 Nr.2, S. 9; Schmutterer Gottfried, Neuendettelsauer Missionsblatt 1912 Nr.4 S. 28 und 65; https:// it.abcdef.wiki/ wiki/History_of_Lae

(139) Etappen der Ausdehnung des Neuendettelsauer Missionsgebietes siehe Karte „Das Wachsen der Neuguinea-Mission" in: Winter, Christine, Looking after one's own: the rise of Nationalism and the Politics of the Neuendettelsauer Mission in Australia, New Guinea and Germany (1921-1933), Germanica Pacifica, Peter Lang Verlag 2012, S. 203, von ihr entnommen aus: Eppelein, Friedrich, Das Neuendettelsauer Missionswerk und seine Arbeitsgebiete, Neuendettelsau 1933

(140) Pfalzer, Georg, Pola-Finschhafen, a.a.O., S. 10

(141) a.a.O., S. 11

(142) Adressbuch für Deutsch-Neuguinea, Samoa, Kiautschou, Zwölfte Ausgabe, Berlin 1912, Kapitel Missionsgesellschaften, S. 13, weitere Daten: Statistik der Neuendettelsauer Mission in Kaiser-Wilhelms-Land in Neuguinea, Bericht J. Flierl in Neuendettelsauer Missionsblatt Nr. 5 1913, S. 38

(143) Firth, Stewart G.: New Guinea under the Germans, S. 151 siehe Carstens, Reinhard, Arbeit und Arbeitsverhältnisse in der Deutschen Südsee, a.a.O., S. 87.

(144) Carstens, Reinhard, Arbeit und Arbeitsverhältnisse in der Deutschen Südsee, a.a.O., S. 177. Das Massaker auf der Insel Siar beschreibt Götz Aly, Das Prachtboot, a.a.O., S. 29f

(145) Deinzer, Martin, Neuendettelsauer Missionsblatt 1915, Nr. 11

(146) Pilhofer, Georg, Geschichte der Neuendettelsauer Mission, Band 2, a.a.O., S. 19ff

(147) Neuendettelsauer Missionsblatt 1917 Nr. 7, S. 55; Pfalzer, Georg, Pola-Finschhafen, a.a.O., S. 17

(148) Australien hatte nach der Aufnahme Deutschlands in den Völkerbund die verfügte Einreisesperre für alle Deutschen wieder aufgehoben. Siehe auch Pilhofer, Georg, Geschichte der Neuendettelsauer Mission, Band 2, a.a.O., S. 108f

(149) Neuendettelsauer Missionsblatt 1915 Nr. 7, S. 49f

(150) Pilhofer, Georg, Geschichte der Neuendettelsauer Mission, Band 2, a.a.O., S. 20ff

(151) Neuendettelsauer Missionsblatt 1918 Nr. 5, S. 30

(152) Eppelein in Brief an Flierl 21.5.1932: *„Es gibt bei uns weite Kreise, die erklären, die Amerikanische Lutherische Kirche wäre es Neuendettelsau schuldig, die ganze NG Mission zu finanzieren, um einigermaßen wieder gut zu machen die Verbrechen, die der Amerikanische Staat am deutschen Volk begangen hat dadurch, dass er 1917 in den Weltkrieg mit eingetreten ist."* Zitiert bei Winter, Christine, Looking after one's own, a.a.O., S. 144

(153) Die Neuendettelsauer Missionare hatten teilweise mit einer Teilung des Missionsgebietes geliebäugelt, um weitestgehend eigenständig ihre Arbeit betreiben zu können. Bei Pilhofer wird diese strategische Ausrichtung heruntergespielt. (Pilhofer, Georg, Geschichte der Neuendettelsauer Mission, Band 2, a.a.O., S. 106)

(154) Winter, Christine, Looking after one's own, a.a.O., S.137ff und S. 145

(155) Pilhofer, Georg, Geschichte der Neuendettelsauer Mission, Band 2, a.a.O., S. 108f

(156) Winter, Christine, Looking after one's own, a.a.O., S. 133ff

(157) Pilhofer, Georg, Geschichte der Neuendettelsauer Mission, Band 2, a.a.O., S. 111; Winter, Christine, Looking after one's own, a.a.O., S. 47ff und 197f

(158) Winter, Christine, Looking after one's own, a.a.O., S. 120

(159) a.a.O., S. 110ff. Zur Position von Pilhofer und ideologischer Hintergrund siehe: Winter, Christine, Unmixing in the Mandate, Purity and the Persistence of ‚German-Time‘ in New Guinea, Seite 11f. In seiner „Geschichte…" verschweigt Pilhofer sein Engagement für Kate als Einheitssprache und stellt sich wahrheitswidrig als versöhnlichen Vertreter der Mehrheitsmeinung hin. Pilhofer, Georg, Geschichte der Neuendettelsauer Mission, Band 1, a.a.O., S. 202ff

(160) Adam Schuster war im paramilitärischen Verein „Bund Reichsflagge" Mitglied und stellte im Missionsseminar Räumlichkeiten für die konspirativen Treffen zur Verfügung. .Eppelein wurde erst Anfang der 30er Jahre offen zum Anhänger nationalsozialistischer Ideologie, aber er war vorher schon auf bestem Weg dorthin. Nach seinem Neuguinea-Besuch schrieb er in 'Streiflichter auf den Nationalsozialismus von meiner Australien-Neuguineareise her', Freimund 1931: *„Der Deutsche gibt sich nur zu leicht zum Kulturdünger fremder Völker hin und handelt nach dem Grundsatz: ‚Wes Brot ich ess', des Lied ich sing'. Die Versuchung, sein Deutschtum preiszugeben und einfach zu veranglisieren, war damals in Neuguinea sehr groß. Ich sprach mit den deutschen Missionaren manch ernstes Wort."* (Zitiert bei Winter, Christine, Looking after one's

own, a.a.O., S. 124). Ebenfalls 1931 konnte man von ihm im Freimund lesen (Freimund 1931, Vol. 77, S. 50): „*Der Führer der Nationalsozialisten gibt in seinem Buch 'Mein Kampf' Werturteile über die Weltmission ab, die vonseiten der evangelischen Kirche nicht unbeachtet bleiben können.*" Und weiter: „*In den Gemeinden Neuguineas sind gerade unter dem Einfluss des Christentums solche Gemeindeorganismen erblüht, wie sie dem Nationalsozialismus als Ideal vorschweben.*" (Zitiert bei Winter, Christine, a.a.O., S. 124 und S. 128).

(161) Flierl, Johann, Biographie, https://www.johann-flierl.de/biographie

(162) Pilhofer, Georg, Geschichte der Neuendettelsauer Mission, Band 2, a.a.O., S.122ff, auch S. 224ff

(163) Winter, Christine, Looking after one's own, a.a.O., S. 101; Christine Winter weiter (eigene Übersetzung): „*Theile stimmte zu, dass die Erfahrung mit Arbeit gut für Neuguineaner war, aber das Rekrutierungssystem war außer Kontrolle und die Geburtenraten sanken, da oft 10% oder mehr der männlichen Bevölkerung von ihren Dörfern weg waren.*" Theile drastisch: „*Als wir unsere Zahlen ermittelten, fanden wir uns als Totengräber eines sterbenden Volkes, und diese Position akzeptieren wir nicht.*" Zu den rabiaten Anwerbemethoden der Goldindustrie siehe die Schilderungen bei Pilhofer, Georg, Geschichte der Neuendettelsauer Missio, Band 1n, a.a.O., S. 122ff

(164) „Besetzung" ist hier kein polemisch gebrauchter Begriff, sondern Missionarsjargon

(165) Pilhofer, Georg, Geschichte der Neuendettelsauer Mission, Band 2, a.a.O., S. 225 und 226f. Der Hagenberg wurde nach dem früheren Gouverneur Curt v. Hagen benannt, der wie viele andere auch der Gegenwehr der Papuas zum Opfer fiel.

(166) a.a.O., S. 229

(167) a.a.O., S. 236f

(168) In seiner „Geschichte der Neuendettelsauer Mission" widmete Pilhofer den Rückfallszenarien eigene Kapitel: *„Der Niedergang der Jabem-Gemeinde und ihre Erneuerung"* (S.157) oder *„Der Niedergang der Sattelberg-Gemeinde und die Emasang Bewegung"*, auch *„Magische Einbrüche in den Gemeinden"* (S. 176)

(169) Jahresbericht 1932 von Missionar Jakob Herrlinger, zitiert bei Pilhofer, Georg, Geschichte der Neuendettelsauer Mission, Band 2, a.a.O., S. 158f

(170) ebd.

(171) Streicher, Hans, Die Azera, Jahresbericht 1929, Missionsblatt 1931; zitiert bei Pilhofer, Georg, Geschichte der Neuendettelsauer Mission, Band 2, a.a.O., S. 168

(172) Pilhofer, Georg, Geschichte der Neuendettelsauer Mission, Band 2, a.a.O., S. 188

(173) Handman, Courtney, A Few Grass Huts: Denominational Ambivalence and Infrastructural Form in Colonial New Guinea, Published in Anthropological Quarterly 92(4), Volume 92, Number 4, Fall 2019, S. 19; Pilhofer, Georg, Geschichte der Neuendettelsauer Mission, Band 2, a.a.O., S. 241

(174) Handman, Courtney, A Few Grass Huts, a.a.O., S. 20

(175 a.a.O., S. 17ff. Über die Geschehnisse um die Tötung der katholischen Missionare gibt es mehrere Versionen, wie Handman darstellt. Seine Ausarbeitung führt zahlreiche Beispiele und Zitate für Flierls streng antikatholische Haltung an.

(176) Pilhofer schreibt (a.a.O., S. 247): *„Wenn man der Frage nachgeht, was die Regierung eigentlich zur Drosse-*

lung der Missionsarbeit, vor allem zur Unterbindung der Arbeit brauner Missionare veranlasst hat, so gibt es darauf nur eine stichhaltige Antwort: den Einfluss der Mission möglichst einzudämmen." Pilhofer sucht die Erklärung jedoch nicht bei der Mission und meint bezugnehmend auf McNicoll, *„dass ihm das Verständnis für die Eigenart unserer Mission gefehlt hat, dass es sich bei ihr nicht um den Einfluss einer organisierten Gesellschaft handelte, sondern um die Erfolge der missionierten Gemeinden, also letzten Endes um die wunderbare Wirkung des Evangeliums"*. (a.a.O., S. 248)

(177) Christian Keyßer 1932 in einem Brief an seinen Kollegen Michael Stolz: *„Ich habe mich für Hitler entschieden. Er ist zweifellos ernster, gemessener, auch christlicher geworden. Wir brauchen eine junge Kraft, die unseren deutschen Saustall ausmistet."*, zitiert bei Winter, Christine, Looking after one's own, a.a.O., S. 152; siehe auch Winter, Christine, Victims of their Own Ambition. The Founding of the NSDAP Stronghold Finschhafen – a Case Study in Power and Political Paralysis, Sonderdruck aus ZMiss 1/2022, S. 128ff; zum Thema auch Samuel Koehne, Nazism, Political Religion, and 'Ordinary' Germans, Agora 49, no.3, 2014

(178) Dokumentation "Luteranos Brasil". Die ziemlich merkwürdige Sekte „Christliches Zentrum Rhena" hat eine lesenswerte Dokumentation veröffentlicht, in der zahlreiche Zitate v.a. auch von Neuendettelsauer Missionsakteuren aufgeführt sind, die ihre nationalsozialistische Anhängerschaft mit Quellenangabe belegen. https://rhema.de/luteranos-brasil-im-strom-des-deutschen-blutes/

(179) Rößler, Hans, Nationalsozialismus in der fränkischen Provinz, a.a.O., S. 121; Winter, Christine, Looking after one's own, a.a.O., S. 159. Die zweite Strophe des Gedichtes lautete: *"Es ist ein Führer uns von Gott gegeben / Er*

stürmt voran, wir folgen treu gesinnt. / Er geht durch Nacht und Tod hindurch zu Licht und Leben / Es wird nicht Ruhe, bis wir Sieger sind."
Hans Rößler hat in seinem oben erwähnten Buch die Biographien und den nationalsozialistischen Werdegang der Herren Keyßer, Eppelein und Lauerer ausführlich beschrieben, S. 24ff. Siehe auch: Vorländer, Hermann, Kirche in Bewegung, Neuendettelsau 2014

(180) Walter Hellenthal, 'Politischer Bericht über das Mandatsgebiet Neuguinea', 22 September 1936, S. 43, zitiert bei: Winter, Christine, The founding oft the NSDAP-stronghold in Fischhafen, in: National Socialism in Oceania, Hrsg. Emily Turner-Graham, Winter, Christine, Frankfurt a.M. 2010. Der Muschelchorleiter dürfte Missionar Heinrich Zahn gewesen sein.

(181) Winter, Christine, The founding oft the NSDAP-stronghold in Fischhafen, a.a.O., S. 42f

(182) Winter, Christine, Looking after one's own, a.a.O., S. 209.
Der Vorgang der OG-Gründung in Finschhafen scheint sich nach Quellenlage in angespanntem Umfeld vollzogen zu haben: Es gab Befürchtungen, die eben erreichte Eigenständigkeit könnte verloren gehen, wenn man im Mandatsgebiet zu weit ginge. Missionsdirektor Friedrich Eppelein in Neuendettelsau zögerte und Otto Theile in Australien sprach sich strikt dagegen aus, als sich Georg Pilhofer für eine Ortsgruppe in Finschhafen stark machte. Beherzt schritten Eiferer im Missionsgebiet, vornan Hubert Stürzenhofecker (Leiter der OG) und Wilhelm Fugmann (Schatzmeister), mit Rückendeckung von Pilhofer zur Tat und die Finschhafener Ortgruppe war gegründet, zunächst ohne Kenntnis der Missionsoberen. Diese wie auch die australische Administration ließen den Vorgang geschehen. Nach und nach trat der Großteil der Mitglieder der

Missionsgemeinde der Organisation bei. Dazu siehe auch Winter, Christine, Victims of their Own Ambition, a.a.O., S. 133f

(183) Winter, Christine, No man's Land: A tale of love and longing during wartime [South Australian Lutherans and Nazi sympathisers from Finschhafen, New Guinea during WWII], in: Germans in South Australia, 2011, S. 287; Winter, Christine, The founding oft the NSDAP stronghold, a.a.O., S. 38

(184) *„Freimund", 20. Juni 1935, zitiert in Dokumentation Lutheranos Brazil, a.a.O.;* Ebenso äußerte sich Pilhofer in einem Brief an Theile, siehe Winter, Christine, The founding oft the NSDAP stronghold, a.a.O., S. 44

(185) Rößler, Hans, a.a.O., S. 36

(186) Rößler, Hans, a.a.O., S. 169ff; Zeitschrift "Der Theologe", Hrsg. Potzel, Dieter, Die Ermordung der Behinderten im Dritten Reich und die Unterstützung dieser Euthanasie durch die evangelische Kirche, Wertheim 1999, zit. nach *theologe.de*, Fassung vom 4.1.2021, siehe auch: Medienwerkstatt Franken e.V., Als hätte es sie nie gegeben – NS-Euthanasie in Neuendettelsau und Ansbach, zeitgeschichtliche Dokumentation 2019; Springer, Markus, NS-Zeit in Franken - das Beispiel Neuendettelsau, Sonntagsblatt 5.2.2018, https://www.sonntagsblatt.de/artikel/kultur/ns-zeit-franken-das-beispiel-neuendettelsau

(187) Winter, Christine, Victims of their Own Ambition, a.a.O., S. 140;

(188) Winter, Christine, Looking after one's own, a.a.O., S. 212. Nicht alle NSDAP-Ortsgruppenmitglieder waren auch automatisch Parteimitglieder in den Registern der NSDAP in Deutschland, manche wohl nur Antragssteller. Von der Finschhafener Ortsgruppe waren aufgelistet: *Wilhelm Bergmann, Emil Daub, Kaspar Doebler, Wilhelm*

Fugmann, Jakob Herrlinger, Georg Hofmann, Karl Holzknecht, Carl Humbert, Konrad Munsel, Georg Pilhofer, Hermann Strauss, Georg Stürzenhofecker, Hubert Stüerzenhofecker, Georg Vicedom, Karl Wacke, Martin Winkler und Martin Zimmermann. Im Gegensatz zur Annahme von Hermann Vorländer, die Nazi-Missionare seien Jungmissionare aus der Schule Chr. Keyssers gewesen, sind auf obiger Liste allein sieben aufgeführt, die schon in den 20er Jahren nach Neuguinea reisten.

(189) Koehne, Samuel, 'Disturbance in D Compound': The Question of Control in Australian Internment Camps during World War II Melbourne Historical Journal 34 (November 2006), S. 71–86. Winter, Christine (2003) 'The Long Arm of the Third Reich', The Journal of Pacific History, 38, S. 85-108; `Winter, Christine, No man's land, a.a.O. Seine Sicht der Dinge hat Wilhelm Fugmann in seiner „Chronik" dargelegt. Siehe Fugmann, Wilhelm, Laß dein Brot übers Wasser fahren, Treuchtlingen 1996, S. 75ff. Das „Finschhafener Lied" von Hubert Stürzenhofecker; ist dokumentiert auf der homepage von Katharina Döbler (https://www.katharinadoebler.de, Bildergalerie)

(190) Winter, Christine, Disloyalty at Sword-point: an Ongoing Conversa,tion about Wartime New Guinea, 1939-1945, Journal of Historical Biography 2014, S. 207ff. Nach ihren Recherchen war Decker und Lehner zunächst erlaubt worden zu bleiben, wohl weil sie sich gegen die Separierung und Nazifizierung der Mission gestellt hatten. Wagner dagegen hatte sich der Evakuierung entzogen und versteckt. Pilhofer behauptet, sie seien von den Australiern *„vergessen"* worden. (Pilhofer, Georg, Geschichte der Neuendettelsauer Mission, Band 2, a.a.O., S. 251

(191) Die Rivalität und Gegnerschaft ging sogar so weit, dass J. Flierl nach der Ermordung zweier katholischer

Missionare im neuguineanischen Hochland ihnen selbst die Schuld zuschob und schrieb, die Katholiken seien mit ihrem Verhalten mitverantwortlich für die Schließung des Hochlandes durch die australischen Behörden. Siehe Handman, Courtney, A Few Grass Huts, S. 23f

(192) Winter, Christine, Victims of their own ambition, a.a.O., S. 134; Pilhofer erwähnt in seiner „Geschichte der Neuendettelsauer Mission" die offensichtliche Schonung der Katholiken nur in einer Fußnote, freilich ohne den naheliegenden Grund zu erwähnen, ebd., S. 253.

(193) https://de.wikipedia.org/wiki/Evangelisch-Lutheri-sche_Kirche_von_ Papua-Neuguinea; Pilhofer, Georg, Geschichte der Neuendettelsauer Mission, Band 2, a.a.O., S. 266f

(194) Garbe, Eckard, Vision 2020: Eine gesunde Kirche gestalten. Die ELC-PNG auf Reformkurs, in: KIRCHE weltweit 1/2020, S. 16. Die NAMASU wurde von Missionskaufmann und Kassier der NSDAP-Ortsgruppe in Finschhafen, Wilhelm Fugmann, gegründet. In seinem Buch berichtet er stolz über sein Werk. Ders., Laß dein Brot übers Wasser fahren, a.a.O., S. 182ff

(195) The World Factbook, CIA, Stand 2011; aufgerufen 10.3.2024.

(196) Neuendettelsauer Missionsblatt 4/1913, S. 27

(197) Über den Bubui schrieb Johann Flierl: „*Der Bubui ist ein unheimlicher Fluß. Bei seiner Mündung, nahe unsrer ersten Station Simbang, sagen sich Haifische und Krokodile Gutenacht. Im Lauf der Jahre sind uns mehrere Fälle bekannt geworden, dass Schwarze am Bubuifluß beim Fischen oder auch beim Fahren auf niedrigen Kanus teils getötet, teils schwer verletzt wurden.*" (Flierl, Johann, Gedenkblatt, a.a.O., S. 31)

(198) Neuendettelsauer Missionsblatt 5/1913, S. 38

(199) Dech, Uwe Christian, Mission und Kultur im alten Neuguinea, a..a.O, S. 63

(200) a.a.O., S.26. Eine lesenswerte Ausarbeitung über die Frauen der Missionare vor ihrer Ausreise und ihr Leben auf den Missionsstationen in Afrika, Indien und China stammt von Dagmar Konrad, „Missionsbräute. Pietistinnen des 19. Jahrhunderts in der Basler Mission". Die dortigen Schilderungen finden nach meinem zugegebenermaßen nur anekdotischen Kenntnisstand ohne größere Einschränkungen auch bei den Neuendettelsauer Bräuten ihre Parallelen.

(201) Dech, Uwe Christian, a.a.O., S. 61

(202) u.a. Keyßer, Christian, Neuendettelsauer Missionsblatt 12/1911, S. 93

(203) Uwe Christian Dech hat leider in seinem Buch über seinen Großvater Stephan Lehner dessen politisches Denken und Handeln aus seinem Recherchefeld nahezu komplett ausgeklammert.

(204) Hoeschelmann, Hanns, Last oder Chance? Missionssammlungen als Teil des Spannungsfeldes von Mission und Kolonialismus, in: Mission, Kolonialismus, Partnerschaft, Zeitgeschichtliche Beiträge, Hrsg. Missionsakademie Universität Hamburg, 9/2022, S. 12f

(205) Ferlow, Klaus, Neem – The Tree oft the 1st Century, 2017; https://thenhf.com/wp-content/uploads/2018/10/Neem-%E2%80%93-the-tree-of-the-21st-century-2017.pdf. Bei weiterem Interesse zum Neem-Baum siehe Schmutterer, Heinrich, The Neem Tree, Neem Foundation, Mumbai, India 2002

(206) Aly, Götz, Das Prachtboot: Wie Deutsche die Kunstschätze der Südsee raubten, Frankfurt a.M. 2021

(207) In folgenden Passagen aus einer Schrift Flierls wird deutlich, wie tiefgreifend die missionarische Umerziehung

erfolgte und was sie mit der indigenen Kultur und Identität anrichtete. Der Eingriff trägt aus meiner Sicht teilweise Züge des Totalitären. (Flierl, Johann, Gedenkblatt, a.a.O., S. 62f)

„Das ganze Leben der Papua gestaltet sich nun allmählich um, und an die Stelle der bösen heidnischen Bräuche treten schöne christliche Sitten. (...) In der alten Zeit wuchsen die Kinder ganz als Wildlinge heran. Es durfte ihnen nichts geschehen, und sie schlugen oft ihre eigenen Mütter. Jetzt lernen sie Gottes heiligen Willen von Jugend aus kennen, und ihr böser Eigenwille wird gebrochen. Früher klagten die Heiden über ihre Toten wie solche, die keine Hoffnung haben, verscharrten die Leichen nur ein paar Handbreit tief und kampierten darauf Woche und Monate lang, weil sie sich in die Trennung von den Ihrigen nicht finden wollten. Jetzt weinen die Christen still, wenn geliebte Verwandte sterben, begraben sie christlich auf eignen Friedhöfen außerhalb der Dörfer in angemessener Tiefe, setzen ein selbstgezimmertes Kreuz auf das eingefriedigte und wohlgepflegte Grab und ehren so ihre Toten in der rechten Weise. Früher kamen sie oft zu wilden Tänzen zusammen, sangen und schrien die ganzen Nächte, bis sie am nächsten Morgen stimmlos und erschöpft herumlagen, jetzt wird ihr Gesellschafts- und Gemeinschaftstrieb durch die schönen, ruhigen Sonntagsversammlungen befriedigt. Zuvor gingen sie nie unbewaffnet aus, jetzt sieht man sie nicht mehr mit Waffen außer an der Jagd (...) und wenn sie einander begegnen, so grüßen sie mit biederem deutschem Händedruck und einem freundlichen Grußwort in ihrer Sprache (...). In der alten Zeit liefen sie schier nackt, aber behangen mit eitlem Schmuck. Jetzt halten sie auf einfache, aber sittsame Bekleidung und erwerben sich dafür das nötige Geld. Sie bebauen ihre Felder sorgfältiger, bauen ihre Häuser besser als in der alten Heidenzeit. Mit uns Missionaren verkehren die Leute freundlich zutraulich wie Kin-

der mit ihren Vätern. Gegen andere Weiße benehmen sie sich achtungsvoll, aber nicht kriechend unterwürfig, wie es die Art der falschen, mohammedanischen Malajen ist." Erschreckend auch letztere Aussage über die angeworbenen Kulis.

(208) Gründer, Horst, Christliche Mission und Deutscher Imperialismus, a.a.O., S. 327

(209) Metzger, A., Die westliche Verklammerung, 75 Jahre Neuendettelsau-Mission, Jubiläumsschrift 1961

(210) Die Axt und auch Beile waren heiß begehrt bei den Indigenen, nachdem sie erkannten, welch großen Nutzen die Geräte bei der Holzbearbeitung brachten. Die Missionare wussten dies zu nutzen.

(211) Zwanzger, Andreas, Wareo. Entstehen und Ergehen, a.a.O., S. 8

(212) Flierl, Johann, Gedenkblatt, a.a.O., S. 69

(213) siehe dazu Kittelmann, Magdalena, Identities of Indigenous and missioary cultures in German New Guinea, S. 25ff in: Mission, Kolonialismus, Partnerschaft, Beiträge zu einer postkolonialen Relektüre, Hamburg 2022

(214) Die Rückfälle im Missionsgebiet wurden im Kapitel 3, Abschnitt „Die Eroberung des Hochlandes" beschrieben.

(215) Pfalzer, Georg, Ist Mission ein positiver Beruf?, a.a.O., S. 38

(216) Zwanzger, Andreas, Wareo. Entstehen und Ergehen, a.a.O., S. 21

(217) Zu den Annehmlichkeiten eine Bemerkung von Johann Flierl: *„Aber es gibt eben noch manche Dinge, die der Europäer zum Leben nötig hat, und die man nicht so bald und leicht im wilden Neuguinea erzeugen kann, z. B. bei Errichtung der Stationen, zur Bekleidung, Zeitschriften*

und Bücher, europäische Boote." (a.a.O., S. 52); Andreas Feldtkeller schreibt: *"Nur eine Minderheit von Missionaren hatte genug Weitblick, sich dem Weltbild europäischer Überlegenheit klar entgegenzustellen; die Mehrheit nahm teil an einem kolonialen Lebensstil und profitierte von den Privilegien, die Europäer in Kolonialgebieten genossen."* (Die Ausbreitung des Christentums, Deutscher Kulturrat, Kolonialismusdebatte 2019, online: https://www.kultur-rat.de/themen/ erinnerungskultur/kolonialismusdebatte/die-ausbreitung-des-christentums/)

(218) in: Winter, Christine, Promise And Protection: Neguinean Villagers and the Role of Christianity during the Pacific War, Transpacific Visions: Connected Histories of the Pacific across Nort and South, Lexington Books, pp. 21-46 September 2021, S. 22

(219) Der geschilderte Vorgang liest sich im Jargon von Missionstheoretikern so: „*Mit der Einführung marktwirtschaftlicher Elemente geriet die gesamte Tausch- und Subsistenzwirtschaft ins Wanken, was auch die etablierten Verwandtschafts- und Statusbeziehungen destabilisierte. Aufgrund des christlichen Glaubens schienen neue Begegnungen zwischen ehemals verfeindeten Volksgruppen möglich, numinose Mächte wurden entzaubert, das Verständnis des Landes säkularisiert.*" Knuth, Anton, Unterdrückt oder befreit? Die christliche Mission und der Kolonialismus, in: Mission. Kolonialismus. Partnerschaft. Beiträge zu einer postkolonialen Relektüre, Hamburg 1922

(220) Es finden sich nur selten literarische Hinweise zur Einführung und zu den Eintreibungswegen der Kopfsteuer in den Missionsgebieten. Dies sowohl bei den Missionaren wie auch in der Forschung. Dies zeigt die geringe Bedeutung, die diesem Aspekt in der Diskussion beigemessen wird. Ab wann und wie die Kopfsteuer konkret in den

Neuendettelsauer Missionsgebieten eingezogen wurde, entzieht sich meiner Kenntnis. Missionare erwähnen nur hie und da die Steuer. Es war jeweils der kolonialen Verwaltung überlassen, in welchen Gebieten das für Neuguinea 1906 geltende Gesetz eingeführt wurde.

(221) Warneck, D. Joh., Weltkrieg und Weltmission, Hrsg. Verlag des deutschen evangelischen Volksbundes in Godesberg a. Rh, zitiert in: Neuendettelsauer Missionsblatt 8/1915, S. 63

(222) Dietrich, Kirsten, Christliche Missionare, Wegbereiter und Kritiker des Kolonialismus, Deutschlandfunk Kultur 2020; digitale Ausgabe ohne Seitenangabe: https://www.deutschlandfunkkultur.de/christliche-missionare-wegbereiter-und-kritiker-der-100.html. Eine sehr informative und mit kritischer Analyse vorgenommene Darstellung unterschiedlicher Missionierungsformen im kolonialistischen Zeitalter ist zu finden bei: Thoralf Klein, Mission und Kolonialismus – Mission als Kolonialismus, in: Kraft, C., Lüdtke, A. and Martschukat, J., Kolonialgeschichten: Regionale Perspektiven auf ein globales Phänomen. Frankfurt a. M./New York: Campus, pp. 142 – 161.

(223) Hoerschelmann, Hanns und G., zitiert nach Jungkunz, Alexander, Ein Stück Kolonialismus: Neuendettelsauer Missionare in Neuguinea, 2021, https:// www.nordbayern.de/freizeit-events/ein-stuck-kolonialismus-neuendettels auer-missionare-in-neuguinea-1.11089313

(224) Hiery, Hermann J., Die Baininger, Einige historische Anmerkungen, a.a.O.

(225) Neuendettelsauer Missionsblatt 21.11.1912. Nach dem Bericht über den *„im Keim erstickten Aufstand in Friedrich-Wilhelms-Hafen"* ging die Verbannung mehrerer

Dorfgemeinden den Neuendettelsauer Lutheranern offensichtlich nicht weit genug: *„Ob die Verbannung der unruhigen Elemente in einer Gegend, die so nahe bei Friedrich-Wilhelms-Hafen liegt, auf die Dauer Ruhe schaffen wird, erscheint jedoch fraglich. "*; Überschriften im Neuendettelsauer Missionsblatt vom 27.1.1913: *„Die Gebrüder Weber auf der Insel Ruk ermordet"*, *„Im Hinterland von Sattelberg ernste Unruhen. "*

(226) Horst Gründer gibt folgende Einschätzung: *„Die totale Zerstörung der Eingeborenenkulturen sollte ein für allemal einen Rückfall in die alten Religionen, den man nach dem Fortfall des kolonialen Zwangs und der kolonialen Situation befürchtete, verhindern. Diese Denkweise erklärt auch die Zustimmung zu dem oft brutalen Vorgehen der Kolonialmächte und die Plädoyers für harte Bestrafungen aufständischer Eingeborener, wenn dadurch zugleich indigene Weltanschauungen und Kulte vernichtet wurden. "* (Gründer, Horst, Christliche Mission und Deutscher Imperialismus, a.a.O., S. 339)

(227) Van der Heyden, Ulrich, zitiert bei: Dietrich, Kirsten, Christliche Missionare, a.a.O.

(228) Pfeffer, Clemens, zitiert bei: Dietrich, Kirsten, Christliche Missionare, a.a.O.

(229) Knuth, Anton, Unterdrückt oder befreit, a.a.O

(230) zitiert bei Knuth, Anton, a.a.O., Selbstchristianisierung ohne vorherigen Kontakt mit einer christlichen Mission, deren Vertreter oder Schriften ist nicht vorstellbar. Von „Selbstchristianisierung" kann man reden beim missionarischen Konzept der „Dorfschulen" in der Neuendettelsauer Mission. Ausgebildete indigene Lehrer unterrichteten im Dorf selbst die Dorfmitglieder. Es handelt sich hier um ein fortgeschrittenes Stadium der Christianisierung. (siehe

Pilhofer, Georg, Geschichte der Neuendettelsauer Mission, Band 2, a.a.O., S. 60f)

(231) z.B. Zimmerer, Jürgen, Eine symbiotische Beziehung, in: Politik und Kultur 9/2019

(232) Vgl. Gründer, Horst, Christliche Mission und Deutscher Imperialismus a.a.O., S. 348

(233) Klein, Thoralf, Mission und Kolonialismus – Mission als Kolonialismus, a.a.O., S. 143

(234) siehe Käser, Lothar, Ethnologische Beobachtungen zur Selbstchristianisierung indigener Gesellschaften, in: Mission. Kolonialismus. Partnerschaft. Beiträge zu einer postkolonialen Relektüre, Hamburg 1922, S. 82ff

(235) Urme, Jack, Von der Selbstversorgung zum Kapitalismus, in: KIRCHE weltweit 2/2023, S. 4f

(236) Wietzke, Joachim, Die deutsche evangelische Mission und der Kolonialismus unter besonderer Berücksichtigung der Breklumer Geschichte, in: Mission, Kolonialismus, Partnerschaft, Beiträge zu einer postkolonialen Relektüre, Hamburg 2022, S. 23

(237) Vgl. Gründer, Horst, Christliche Mission und Deutscher Imperialismus, a.a.O., S. 349

(238) Flierl, Johann, Gedenkblatt, a.a.O., S. 63

(239) Pilhofer, Georg, Geschichte der Neuendettelsauer Mission, Band 2, a.a.O., S. 125

(240) siehe Stephan, Armin, „Der Führer hat den Appetit an der Kirche verloren.", Projekt Digitale Bibliothek des Kirchenkampfes der Arbeitsgemeinschaft der Archive und Bibliotheken der evangelischen Kirche, 2019, S. 2ff

(241) Eppelein, Friedrich, „Die Judenfrage in christlicher Beleuchtung", Ausgabe vom 5. März 1931, S. 69–75, zitiert bei Rößler, Hans, a.a.O., S. 38

(242) Eppelein, Friedrich, Freimund Nr. 26 vom 30.6.1932, zitiert bei Winter, Christine, Looking after one's own, a.a.O., S. 153. Friedrich Eppelein hatte den Freimund 1927 von Missionsdirektor Rudolf Ruf übernommen.

(243) Wietzke, Joachim, a.a.O., S. 18

(244) Dech, Uwe Christian, Mission und Kultur im alten Neuguinea, a.a.O., S. 60. Dech trifft diese Aussage im Hinblick auf Stephan Lehners Einstellung in Erziehungsfragen und wird dies vermutlich nicht auf politisches Verhalten und Handeln seines Großvaters ausgeweitet haben wollen. Er vermeidet solche Hinterfragungen. Stephan Lehner war jedoch offensichtlich kein Anhänger der Nationalsozialisten. Bei Missionar Fugmann, der rechtfertigend von „*Kind seiner Zeit*" spricht, stellt sich dies freilich anders dar. (Zitat ebd.). Wenn auch nicht nationalsozialistisch, so war Lehners politische Haltung doch deutschnational und wohl auch mit der Sehnsucht nach Rückkehr der Kolonien geprägt. Anders lässt sich sein Verhalten beim Besuch des deutschen Marinekreuzers „Köln" in Rabaul 1933 nicht erklären. Es war das erste Eintreffen eines Kriegsschiffes seit der Kolonialzeit. Der „German Club Rabaul" organisierte einen feierlichen Empfang für die Ankömmlinge inklusive Reichs- und Hakenkreuzfahne. Merkwürdigerweise glaubte Stefan Lehner als damaliger Feldleiter, dem Kapitän ein Geldgeschenk mit unmissverständlichen Begrüßungsworten überreichen zu müssen: *„Da wir aber doch Ihnen, hochverehrter Herr Kommandant einen greifbaren Beweis unserer Mitfreude ob Ihres Erscheinens in der Kolonie, die uns eigentlich rechtlich*

zugehört, gebe wollen, ein Zeichen, daß auch in der Ferne unsere Herzen erglühen für unser Deutschland. (...) " (siehe Winter, Christine, Looking after one's own, a.a.O., S. 91)

(245) Ein Beispiel: Der evangelische Theologe D. Hans Lauerer, Rektor der evangelisch-lutherischen Behinderteneinrichtungen in Neuendettelsau zur Ermordung Behinderter: *"...darum können wir Lutheraner nicht anders als grundsätzlich bejahend zum Staat, zu unserem Staat stehen. Von diesem Standpunkt aus haben wir kein Recht, es zu beanstanden, wenn der Staat ... die Tatsache minderwertigen Lebens konstatiert und auf Grund dieser Konstatierung dann auch handelt."* (Lauerer, Hans, Das Menschenleben in der Wertung Gottes, 1939); zitiert in: Zeitschrift "Der Theologe", Hrsg. Dieter Potzel, Die Ermordung Behinderter im Dritten Reich und die Unterstützung dieser Euthanasie durch die evangelische Kirche, Wertheim 1999, zit. nach theologe.de/euthanasie.htm, Fassung vom 3.7.2022

(246) 37% der Bevölkerung leben unterhalb der Armutsgrenze (The World Factbook, CIA, Stand 2002). Beim Human Development Index (HDI) steht Papua-Neuguinea auf Rang 156 von 191 Ländern (Stand 2021, Statistisches Bundesamt). Bei einer Analphabetisierungsquote von 35,8% liegt PNG auf Rang 162 von 203 erfassten Ländern (The World Factbook, CIA, Stand 2015), jeweils aufgerufen 10.3.2024.

(247) Hartmut Holzknecht, Starke Traditionen. Landrechte und Landbesitz in Papua-Neuguinea, in: Mission Eine Welt, Perspektive Land, 2011, S.82; erstmals erschienen in Pazifik Netzwerke e.V. (Hrsg.), Unser Land - unsere Seele, Neuendettelsau 1999

(248) a.a.O., S. 85f

(249) Dech, Uwe Christian, Mission und Kultur im alten Neuguinea, a.a.O., S. 180f

(250) Boamah, Samuel und Stanly, Jane, Crime and Violence Trends in Port Moresby, Papua New Guinea, A case Study, 2007. Analoges kann von Lae berichtet werden. Das Auswärtige Amt warnt Jahr für Jahr vor den Sicherheitsrisiken. Siehe auch: https:// de.wikipedia.org/wiki/Lae

(251) Holzknecht, Hartmut, zusammengefasst bei Dech, Uwe Christian, a.a.O., S. 196f

(252) Gibbs, Phillip, „Landgrapping" in Papua. Abholzungen und Zerstörung des Urwalds im Namen von Entwicklung, Forum Weltblicke 4/2012; Hulverscheidt, Claus und Werner, Kathrin, Papua-Neuguinea. Der geraubte Regenwald, Süddeutsche Zeitung, Februar 2017, https://www.sueddeutsche.de wirtschaft/papua-neuguinea-der-geraubte-regenwald-1.3199966-0

(253) Zur Biographie von Dietrich Bonhoeffer siehe Wikipedia https://de.wikipedia.org/wiki/Dietrich_Bonhoeffer
(254) Winter, Christine, Victims of their own ambition, a.a.O., S. 142. Zitat: „*It did so to make its institution richer, more powerful, and influential.*"

(255) Rößler, Hans, Nationalsozialismus in der fränkischen Provinz. Neuendettelsau unterm Hakenkreuz, Diakonie Neuendettelsau, 2017, S. 71;

(256) Rößler, Hans, Waffen in der Missionsanstalt, Zeitschrift für bayerische Kirchengeschichte 91 (1922) S. 218 – 239; siehe auch Vortrag am 15.4.2024 im Missionshaus Neuendettelsau: https://www.youtube.com/watch?v=_zNyp Wgxoe8

(257) zitiert bei Winter, Christine, Looking after one's own, a.a.O., S. 76

(258) Lauerer, Hans: Kirche und Staat: ein evangelischer Unterricht / Hans Lauerer, München: Kaiser, 1934, S.18, zitiert in: Stephan, Armin, „Der Führer hat den Appetit an der Kirche verloren." Projekt Digitale Bibliothek des Kirchenkampfes der Arbeitsgemeinschaft der Archive und Bibliotheken der evangelischen Kirche, 2019, S. 11

(259) Winter, Christine, Looking after one's own, a.a.O., S. 76

(260) Springer, Markus, a.a.O. Das dortige Bild aus dem Archiv Diakonie Neuendettelsau

(261) Winter, Christine schreibt (eigene Übersetzung d. Verf.): *„Wenn man die Ereignisse aus der Rückschau betrachtet, tut man dies zugegebenermaßen von einer bequemen Position. Unter diesen Umständen habe ich mich bemüht, nicht beurteilend oder moralisierend zu sein. Die Personen, auf deren Worte und Handeln diese Geschichte beruht, trafen Entscheidungen nach bestem Wissen und größtem Bemühen, dies mit Integrität zu tun. Eine Kritik an Neuendettelsaus Zurückweisung der parlamentarischen Demokratie, was aus meiner Sicht enttäuschend ist, würde anachronistisch sein und würde nicht helfen, Neuendettelsaus politische Partnerschaften zu verstehen."* (dies., Looking after one's own, a.a.O., S. 23)

(262) Brettschneider, Frank, Studie „Rechtspopulismus, Verschwörungs-Erzählungen, Demokratiezufriedenheit und Institutionenvertrauen in Deutschland 2023", Stuttgart, August 2023, Online: Portal der Universität Hohenheim

(263) Webseite der Mission EineWelt (https://mission-einewelt.de/steigbuegelhalter-der-nazis-vortrag-des-historikers-hans-roessler/), aufgerufen 22.10.2024

8. Literaturliste

Aly, Götz
>   Das Prachtboot: Wie Deutsche die Kunstschätze
>   der Südsee raubten, Frankfurt a.M. 1921

Batia, Leroy
>   Brief History and Background of the beginning of
>   Evangelical Lutheran Church Of Papua New Gui-
>   nea., online: http://elcpng.org/index.php?option=
>   com_content&view=article&id=146&Itemid=105

Carstens, Reinhard
>   Arbeit und Arbeitsverhältnisse in der Deutschen
>   Südsee (Dissertation), Münster 2015

Dech, Uwe Christian
>   Mission und Kultur im alten Neuguinea. Der Mis-
>   sionar und Völkerkundler Stephan Lehner, Biele-
>   feld 2005

Deutsche Geschichte:
>   Kolonien - Deutsche Geschichte - Geschichte -
>   Planet Wissen (planet-wissen.de)

Deutsche Kolonialgesetzgebung
>   Sammlung der auf die deutschen Schutzgebiete
>   bezüglichen Gesetze, Verordnungen, Erlasse und
>   internationalen Vereinbarungen, Band 5, 1906-

1911, Berlin : Mittler; digitale Ausgabe: Staats-
und Universitätsbibliothek Bremen,

Deutsche Kolonialgesellschaft (Hrsg.)
Adreßbuch für Deutsch-Neuguinea, Marshall-
Inseln, Deutsch-Samoa, Kiautschou 1904, Berlin
1903, digitalisierte Ausgabe: Frankfurt am Main,
Universitätsbibliothek Johann Christian Sencken-
berg, 2018

Deutsche Südsee-Schutzgebiete 1885-1919
https://deutsche-schutzgebiete.de/wordpress/ projekte /kolonien/deutsche-suedsee-schutzgebiete/

Dietrich, Kirsten
Christliche Missionare, Wegbereiter und Kritiker
des Kolonialismus, Deutschlandfunk Kultur 2020;
https://www.deutschlandfunkkultur.de
/christliche-missionare-wegbereiter-und-kritiker-
der-100.html

Döbler, Katharina
Dein ist das Reich, Berlin 2021

Doll, Nikolaus
In Papua-Neuguinea gibt der letzte deutsche Sol-
dat auf, welt.de, https://www.welt.de/geschichte/
article185514756/Erster-Weltkrieg-In-Papua-
Neuguinea-gibt-der-letzte-deutsche-Soldat-
auf.html, aufgerufen 3.4.2023

Eckert, Andreas
Rechtfertigung und Legitimation von Kolonialismus, in: Politik und Zeitgeschehen, Bundeszentra-
le für Politische Bildung, Ausgabe 44-45 2012
/146975/rechtfertigung-und-legitimation-von-
kolonialismus/

Evangelische Missionsgesellschaft (Hrsg)
Die evangelischen Missionen in den deutschen
Kolonien und Schutzgebieten / herausgegeben
von dem Ausschuss der deutschen evangelischen
Missionen, Berlin: Evangelische Missionsgesell-
schaft, 1902, Dort: Neuendettelsauer Mission ab
S. 107; digitalisierte Ausgabe: Frankfurt am Main,
Universitätsbibliothek Johann Christian Sencken-
berg, 2018

Fanon, Franz
Die Verdammten dieser Erde, Frankfurt a.M. 1966
Farnbacher, Traugott
Pazifik Informationsstelle 6.6.2019, Massiver
Holzeinschlag in Papua-Neuguinea,
https://www.pazifik-infostelle.org/ media-
thek/berichte/8786239.html, aufgerufen 6.4.2023

Finsch, Otto
Entdeckungsfahrten des deutschen Dampfers
„Samoa", in: *Die Gartenlaube (1886)*. Leipzig:
Ernst Keil, 1886, Seite 192. Digitale Volltext-
Ausgabe bei Wikisource , https://de.wikisource
.org/w/ index.php?title=Seite:Die_Gartenlaube_
(1886)_192.jpg&oldid=- (Version vom
31.7.2018)

Finsch, Otto
Deutschlands Kolonialbestrebungen. Ein Besuch
in einem Papuadorfe auf Neu-Guinea, in: Die
Gartenlaube (1885). Leipzig: Ernst Keil, 1885,
Seite 48. Digitale Volltext-Ausgabe
bei Wikisource (Version vom 22.8.2018)

Firth, Steward

    The transformation of the labour trade in German newguinea, 1899–1914: The Journal of Pacific History: Vol 11, No 1

Flierl, Johann

    Gedenkblatt der Neuendettelsauer Heidenmission in Queensland und Neu-Guinea : 1885 – 1910, Neuendettelsau : Verlag des Missions-Hauses, 1910; digitalisierte Ausgabe: Frankfurt am Main, Universitätsbibliothek Johann Christian Senckenberg, 2018

Flierl, Johann,

    Is the New Guinea Race Destined to Perish at the Hands of Western Civilization? Tanunda, South Australia: Aureiht's Printing Office 1936

Flierl, Johann,

    Dokumentation Lebensgeschichte in: knowledgr.com, https://de.knowledgr.com/08471248/JohannFlierl, aufgerufen am 3.1.2023

Fugmann, Wilhelm,

    Laß dein Brot übers Wasser fahren, Treuchtlingen, 1996

Galtung, Johan

    Strukturelle Gewalt, Beiträge zur Friedens- und Konfliktforschung, Reinbeck bei Hamburg 1982

Ganter, Regina

    The German Difference, published 2018 by ANUPress, The Australian National University, Canberra, Australia

Garbe, Eckard,
> Vision 2020: Eine gesunde Kirche gestalten. Die
> ELC-PNG auf Reformkurs, in: KIRCHE weltweit
> 1/2020

Gibbs, Philip
> Landgrabbing in Papua. Abholzungen und Zerstö-
> rung des Urwalds im Namen von Entwicklung,
> Forum Weltkirche 4/2012

Götz, Eva-Maria
> Kirchen in der Kolonialzeit. Christliche Überle-
> genheitsdoktrin, 2020, in: Deutschlandfunk,
> https://www.deutschlandfunk.de/kirchen-in-der-
> kolonialzeit-christliche-100.html, aufgerufen am
> 23.4.2023

Gründer, Horst
> Christliche Mission und Deutscher Imperialismus,
> Eine politische Geschichte ihrer Beziehungen
> während der deutschen Kolonialzeit (1884—
> 1914) unter besonderer Berücksichtigung Afrikas
> und Chinas, Paderborn, 1982

Handman, Courtney
> Languages without subjects.On the interior(s) of
> colonial New Guinea, Hau: Journal of Ethnogra-
> phic Theory 7,2017, pp. 207–228

Handman, Courtney
> A Few Grass Huts: Denominational Ambivalence
> and Infrastructural Form in Colonial New Guinea,
> Published in Anthropological Quarterly 92(4),
> Volume 92, Number 4, Fall 2019, pp. 1015-1038

Hartmann, Vanessa
> Als hätte es sie nie gegeben. „NS-Euthanasie" in Neuendettelsau, Nürnberg 2019, Medienwerkstatt-Franken e.V., https://www.medienwerkstatt-franken.de/video/ns-euthanasie-in-neuendettelsau-und-ansbach-diakonie/, aufgerufen am 23.4.2023

Hassall, Graham
> Religion and the Colonial State in Melanesia 1945 to 1980, University of Papua New Guinea Press, 2018

Hempenstall, Peter
> Pacific Islanders Under German Rule: A Study in the Meaning of Colonial Resistance, Published by ANU eView The Australian National University, first published 1978

Herrmann, J. B.
> Deutschland in der Südsee: Kaiser-Wilhelmsland und Neubritannien, Leipzig 1885, digitalisierte Ausgabe: Frankfurt am Main: Universitätsbibliothek Johann Christian Senckenberg, 2017

Hiery, Herrnann Joseph
> Die Baininger, Einige historische Anmerkungen, Uni Bayreuth 2007

Hiery, Hermann Joseph
> The Neglected War : The German South Pacific And The Influence Of World War I, University Of Hawai'I Press, 1995

Hoerschelmann, Hanns
> Last oder Chance? Missionssammlungen als Teil des Spannungsfeldes von Mission und Kolonia-

lismus, in: Mission, Kolonialismus, Partnerschaft,
Zeitgeschichtliche Beiträge, Hrsg. Missionsakademie Universität Hamburg, 9/2022,

Hoh, Adam
Über die Taufnamen auf Neuguinea, Neuendettelsauer Missionsblatt 1914 Nr.11

Holzknecht, Hartmut
Starke Traditionen. Landrechte und Landbesitz in
Papua-Neuguinea, in: Mission EineWelt, Perspek-
tive Land, 2011

Holzknecht, Hartmut und Kalit, Kilyali K.
Forest resources: what hope for the future? In: Pacific Economic Bulletin Volume 10 Number 1
1995, Asia Pacific Press

Holzknecht, Hartmut und Golman, Martin
Forest Sector Policy Making and Implementation,
Studies from Papua New Guinea, (o.J.); online-
Zugang: https://www.academia.edu/57935113
/Chapter_11_Forest_Sector_Policy_Making_and_
Implementation

Hulverscheidt, Claus und Werner, Kathrin
Papua-Neuguinea. Der geraubte Regenwald, Süddeutsche Zeitung, Februar 2017,
https://www.sueddeutsche.de/wirtschaft/papua-
neuguinea-der-geraubte-regenwald-1.3199966-0,
aufgerufen 17.6.2023

Käser, Lothar
Ethnologische Beobachtungen zur Selbstchristianisierung indigener Gesellschaften, in: Mission.

Kolonialismus. Partnerschaft. Beiträge zu einer postkolonialen Relektüre, Hamburg 1922, S.82-102

Kaiserliches Gouvernement (Hrsg.)
Gesetzessammlung für das Schutzgebiet Deutsch-Neuguinea, Rabaul Regierungsschule 1912, digitalisierte Ausgabe: Frankfurt am Main, Universitätsbibliothek Johann Christian Senckenberg, 2018

Kaiserliches Gouvernement (Hrsg.)
Auszugsweise Zusammenstellung der wichtigsten geltenden in Deutsch-Neu-Guinea (Bismarck-Archipel, Deutsche Salomons-Inseln und Kaiser-Wilhelmsland) geltenden Verordnungen [...] Deutsch-Neuguinea /, Berlin: Mittler, 1903, digitalisierte Ausgabe: Staats- und Universitätsbibliothek Bremen

Kaiserreich – Wissenschaft und Forschung
Lebendiges Museum online, https://www.dhm.de/lemo/kapitel/ kaiserreich/wissenschaft-und-forschung.html, aufgerufen am 23.4.2023

Keyßer, Christian
Dokumentation Lebensgeschichte in wikipedia,https://de.wiki-pedia.org/wiki/ Christian_Keyßer, aufgerufen am 24.4.2023

Kittelmann, Magdalena
Identities of Indigenous and missionary cultures in German New Guinea, in: Mission, Kolonialismus, Partnerschaft, Beiträge zu einer postkolonialen Relektüre, Hamburg 2022

Klein, Thoralf
Mission und Kolonialismus – Mission als Kolonialismus, in: Kraft, C., Lüdtke, A. and Martschu-

kat, J., Kolonialgeschichten: Regionale Perspektiven auf ein globales Phänomen. Frankfurt a. M./New York: Campus, pp. 142 – 161

Knuth, Anton
Unterdrückt oder befreit? Die christliche Mission und der Kolonialismus, https://zeitzeichen.net/node/9292, aufgerufen am 14.9.2023

Koehne, S.P.
Disturbance in D Compound: The Question of Control in Australian Internment Camps During World War II; Melbourne Historical Journal 34, November 2006

Koehne, S.P.
Nazism, Political Religion, and 'Ordinary' Germans, Draft Version. The final, definitive version of this paper has been published as 'Nazism, Political Religion and "Ordinary" Germans, *Agora* 49, no.3 (August 2014): 21–8

König, Stella
Political and Religious Colonialism in German New Guinea, Leiden University 2021

Konrad, Dagmar
Missionsbräute. Pietistinnen des 19. Jahrhunderts in der Basler Mission, Münster 2001

Kotze, Stefan von
Aus Papuas Kulturmorgen. Südseeerinnerungen, Berlin 1905; digitalisierte Ausgabe: Frankfurt am Main, Universitätsbibliothek Johann Christian Senckenberg, 2018

Künkler, Eva
        Koloniale Gewalt in Deutsch-Neuguinea und der
        Raub kultureller Objekte und menschlicher Über-
        reste, Hrsg. Deutsches Zentrum Kulturgutverluste,
        Band 4/2022

Landwirtschaft in Papua-Neuguinea
        wiki.de, https://gaz.wiki/wiki/de/Agriculture_in
        _Papua_New _Guinea, aufgerufen am 12.10.2022

Lang, Rainer
        Kahlschlag im Akkord, Weitsichten. Magazin für
        globale Entwicklung und ökumenische Zusam-
        menarbeit, Ausgabe 9/2009

Lehmkul, Ursula
        Ambivalenzen der Modernisierung durch Koloni-
        alismus, in: Politik und Zeitgeschehen, Bundes-
        zentrale für Politische Bildung, Ausgabe 44-45
        2012

Linke, Robert
        The influence of German surveying on the deve-
        lopment of New Guinea, HS 2 - History of Sur-
        veying, Munich 2002

Lutheranos Brasil
        Im Strom des deutschen Blutes, Dokumentation-
        Christliches Zentrum Rhena 2023,
        https://rhema.de/luteranos-brasil-im-strom-des-
        deutschen-blutes/

Metzger, A.
        Die westliche Verklammerung, 75 Jahre Neuen-
        dettelsau-Mission, Jubiläumsschrift 1961

Mückler, Hermann
        Mission in Ozeanien. Wien: Facultas, 2010

Müller, Sarah
Die Deutsche Kolonie Neuguinea,
http://goettingenkolonial.uni-goettingen.de/ in-
dex.php/orte/die-deutschen-kolonien/die-
deutschen-suedsee-kolonien

Neuendettelsau Mission Society (1841)
Published on German Missionaries in Australia,
http://missionaries.griffith.edu.au, aufgerufen am
10.10.2022

Neuendettelsauer Missionsblatt 1911-1919:
Digitalisierte Ausgabe: Detail | SUB Hamburg (uni-
hamburg.de), Copyright: Creative Commons Lizenz
Namensnennung 4.0 International (CC BY-SA 4.0)

Neuhauss, Richard (Hrsg.)
Deutsch-Neuguinea, Band III : Beiträge der Missionare
Keyßer , Stolz , Zahn, Lehner , Bamler, Berlin 1911, digitalisierte Ausgabe: Frankfurt am Main, Universitätsbibliothek Johann Christian Senckenberg, 2018

Neumann, Klaus
The Stench of the Past: Revisionism in Pacific Is-
lands and Australian History, The Contemporary
Pacific, Volume 10, Number 1, University of
Hawai'i Press, 1998

Ohff, Hans J.
Empires of Enterprise: German And English
Commercial Interests in East New Guinea 1884 to
1914, Adelaide 2008

Overlack, Peter
German New Guinea: a diplomatic, economic and
political survey. Journal of the Royal Historical
Society of Queensland 9(4), 1973 Seiten 128-152.

Paul, Carl,
>	Die Mission in unseren Kolonien, Band 4, Die
>	deutschen Südsee-Inseln, Dresden 1908, digitali-
>	sierte Ausgabe: Bremen: Staats- und Universitäts-
>	bibliothek, 2017

Petersen, Jan Christian
>	Evangelikale Mission – Ethnozid im Namen Got-
>	tes, Humanistischer Pressedienst, Juli 2021, onli-
>	ne-Ausgabe https://hpd.de/artikel/evangelikale-
>	mission-ethnozid-im-namen-gottes-19446, aufge-
>	rufen am 5.6.2023

Pfalzer, J. Georg
>	Pola-Finschhafen, Neuendettelsau: Verl. des Missions-
>	hauses, (1919), digitalisierte Ausgabe: Frankfurt am
>	Main: Universitätsbibliothek Johann Christian Sencken-
>	berg, 2018

Pfalzer, J. Georg
>	Ist Mission ein positiver Beruf? Neuendettelsauer
>	Missionsblatt 1911, Ausgabe 30.5.1911, S. 38; di-
>	gitalisierte Ausgabe: Staats- und Universitätsbib-
>	liothek Hamburg,

Pfund, Johanna
>	100 Jahre Freistaat Bayern. Der Weg zur totalen
>	Macht, in: Süddeutsche Zeitung 3.5.2018;
>	https://www.sueddeutsche de/bayern/100-jahre-
>	freistaat-bayern-der-weg-zur-totalen-macht-
>	1.3940445, aufgerufen 23.6.2023

Pilhofer, Georg
>	Die Geschichte der Neuendettelsauer Mission in
>	Neuguinea, Band 1 und 2, Neuendettelsau 1961
>	und 1963

Potzel, Dieter (Hrsg.)
Zeitschrift "Der Theologe", Die Ermordung Behinderter im Dritten Reich und die Unterstützung dieser Euthanasie durch die evangelische Kirche, Wertheim 1999, zit. nach theologe.de /euthanasie.htm, Fassung vom 3.7.2022

Rößler, Hans
Nationalsozialismus in der fränkischen Provinz. Neuendettelsau unterm Hakenkreuz, Diakonie Neuendettelsau, 2017

Rößler, Hans
Waffen in der Missionsanstalt, Zeitschrift für bayerische Kirchengeschichte 91 (1922) S. 218 – 239

Sack, Peter und Clark, Dymphna (Hrsg.)
German New Guinea. The Annual Reports, Australian National University Press, Canberra, A.C.T., London, England and Norwalk, Conn. 1979

Sack, Peter
Protectorates and Twists: Law, History and the Annexation of German New Guinea, in: Australian Yearbook of International Law Online, 1987

Schwägerl, Christian
Artikel DER SPIEGEL 07.12.2009: Kevin Conrad, Der Regenwald-Advokat, https://www.spiegel.de/ politik/ausland/kevin-conrad-papua-neuguinea-der-regenwald-advokat-a-664577.html, aufgerufen am 10.10.2022

Solf, Wilhelm Heinrich
    Die Missionen in den deutschen Schutzgebieten, Güters-
    loh 1918, digitalisierte Ausgabe: Frankfurt am Main:
    Universitätsbibliothek Johann Christian Senckenberg,
    2017

Springer, Markus
    Kirche und Nationalsozialismus. NS-Zeit in Fran-
    ken - das Beispiel Neuendettelsau, Sonntagsblatt,
    5.2.2018, https://www.sonntags-blatt
    .de/artikel/kultur/ns-zeit-franken-das-beispiel-
    neuendettelsau, aufgerufen am 23.6.2023

Staffen-Quant, Daniel
    Koloniale Raubkunst oder Geschenke? Wie "Mis-
    sion EineWelt" mit Kulturgütern aus Papua-
    Neuguinea umgeht, Sonntagsblatt,
    https://www.sonntagsblatt.de/artikel/bayern/kolon
    iale-raubkunst-oder-geschenke-wie-mission-
    einewelt-mit-kulturguetern-aus-papua, aufgerufen
    am 12.3.2023

Steffens, Beate
    Ökologische Waldnutzung: eine Chance für
    Waldgemeinden in Papua-Neuguinea, Greenpeace
    31.7.2013, https://www.greenpeace.de/ biodiver-
    sitaet/waelder/waelder-erde/oekologische-
    waldnutzung-chance-waldgemeinden-papua-
    neuguinea, aufgerufen am 12.3.2023

Stephan, Armin
    „Der Führer hat den Appetit an der Kirche verlo-
    ren." Projekt Digitale Bibliothek des Kirchen-
    kampfes der Arbeitsgemeinschaft der Archive und
    Bibliotheken der evangelischen Kirche, 2019

Südsee-Schutzgebiete
    Deutsch-Neuguinea, Marianen, Karolinen und
    Marshall-Inseln (deutsche-schutzgebiete.de)
    https://deutsche-schutzgebiete.de /wordpress/ pro-
    jekte/kolonien/ deutsche-suedsee-schutzgebiete/,
    aufgerufen am 10.10.2022

Urme, Jack
    Von der Selbstversorgung zum Kapitalismus, in:
    KIRCHE weltweit 2/2023

Vetter, Konrad
    Der heidnische Papua in seinem Tun und Denken,
    Neuendettelsau 1910; digitalisierte Ausgabe:
    Frankfurt am Main, Universitätsbibliothek Johann
    Christian Senckenberg, 2018

Vetter, Konrad
    Ein Tag in Simbang, Mitteilungen und Schilde-
    rungen aus der Arbeit der Neuendettelsauer Hei-
    denmission, Neuendettelsau 1910; digitalisierte
    Ausgabe: Frankfurt am Main, Universitätsbiblio-
    thek Johann Christian Senckenberg, 2018

Vorländer, Hermann
    Kirche in Bewegung. Die Geschichte der evange-
    lischen Mission in Bayern, Neuendettelsau 2014

Warneck, Johann
    Weltkrieg und Weltmissionission, Verlag des
    deutschen evangelischen Volksbundes Godesberg,
    Auszüge in: Neuendettelsauer Missionsblatt 1915
    Nr.8

Wietzke, Joachim
> Die deutsche evangelische Mission und der Kolo-
> nialismus unter besonderer Berücksichtigung der
> Breklumer Geschichte, in: Mission, Kolonialis-
> mus, Partnerschaft, Beiträge zu einer postkolonia-
> len Relektüre, Hamburg 2022

Winter, Christine
> Promise And Protection: Neguinean Villagers and
> the Role of Christianity during the Pacific War,
> *Transpacific Visions: Connected Histories of the
> Pacific across Nort and South*, Lexington Books,
> pp. 21-46 September 2021, Online-Zugang:
> https://www.academia.edu

Winter, Christine
> No man's land: A tale of love and longing during
> wartime, [South Australian Lutherans and Nazi
> sympathisers from Finschhafen, New Guinea
> during WWII], in: Germans in South Australia,
> 2011

Winter, Christine
> The Founding of the NSDAP Stronghold in
> Finschhafen, in: Emily Turner-Graham/Christine
> Winter (Eds.): National Socialism in Oceania. A
> Critical Evaluation of Its Effect and Aftermath
> (Germanica Pacifca, 4), Frankfurt/Main 2010, pp.
> 31-47

Winter, Christine,
> The Long Arm of the Third Reich, The Journal of
> Pacific History, Vol. 38: No.1,2003, page 85-108

Winter, Christine
> Looking after one's own: The rise of Nationalism
> and the Politics of the Neuendettelsauer Mission

in Australia, New Guinea and Germany (1921-1933), Germanica Pacifica, Peter Lang Verlag 2012

Winter, Christine
Victims of their own ambition, Sonderdruck aus ZMiss 1/2022, s.123-142

Winter, Christine
Disloyality at Sword-point: an Ongoing Conversation about Wartime New Guinea, 1939-1945, Journal of Historical Biography 2014, S. 207ff

Wikipedia
Diverse Erläuterungen: Bernhard Dernburg, Dietrich Bonhoeffer, Deutsch-Neuguinea, Deutsche Christen, Diakonie Neuendettelsau, Finschhafen, Johann Flierl, Lae, Papua-Neuguinea, Stephansort, Schlacht um die Huon-Halbinsel, aufgerufen zwischen 2022-2023

Zimmerer, Jürgen
Eine symbiotische Beziehung, in: Politik und Kultur 9/2019

Zwanzger, Andreas
Wareo: Entstehen und Ergehen 1903-1911, Neuendettelsau: Verlag des Missionshauses, 1916, digitalisierte Ausgabe: Frankfurt am Main, Universitäts-Bibliothek Johann Christian Senckenberg, 2018

9. Abbildungsverzeichnis

Abb.1: Neuguinea zur deutschen Kolonialzeit (Ausschnitt); Quelle: German New Guinea - Alchetron, The Free Social Encyclopedia (https://alchetron.com/German-New-Guinea)

Abb.2: Hissen der deutschen Flagge in Mioko am 4.11.1884; Quelle: deutsche-schutzgebiete.de (https://deutsche-schutzgebiete.de/wordpress/projekte /kolonien/deutsche-suedsee-schutzgebiete/

Abb.3: „Fahre mich hinüber schöner Schiffer!"; Quelle: deutsche-schutzgebiete.de (https://deutsche-schutzgebiete. de/wordpress/projekte/kolonien/deutsche-suedsee-schutzgebiete/)

Abb.4: Schutztruppe in Deutsch-Neuguinea; Quelle: deutsche-schutzgebiete.de (https://deutsche-schutzgebiete.de /wordpress/projekte/kolonien/deutsche-suedsee-schutzgebiete/)

Abb.5: Rassistische Werbung in der Heimat, Quelle: goconqur.com (https://cdn.goconqr.com/uploads/node/ image/97619212/desktop_7ecd6575-ac57-4906-9ae4-98e839a7c047.jpg)

Abb.6: Hotel Fürst Bismarck in Kokopo (Herbertshöhe) 1906; Quelle: https://www.roland-seib.de/PNG%20VII/ slides/PNG7-44.html

Abb.7: Kriegspropaganda im 1. Weltkrieg; Quelle: tudory.de (https://www.tutory.de/uploads/images/bb99e340-dca4-11e5-a3d2-854d21a6c788_1.jpeg?width=592)

Abb.8: Missionar Johann Flierl mit 20 Jahren; Quelle: https://www.johann-flierl.de/

Abb.9: Sattelberg um 1915; Quelle: Familienalbum

Abb.10: An der Bucht von Finschhafen; Quelle: Familienalbum

Abb.11: Kokuspalmenplantage in Heldsbach; Quelle: Georg Pilhofer, Geschichte der Neuendettelsauer Mission, Band 2, Neuendettelsau 1963

Abb.12: In einem Papuadorf; Quelle: Familienalbum

Abb.13: Missionsstation Deinzerhöhe; Quelle: Georg Pilhofer, Geschichte der Neuendettelsauer Mission, Band 1, Neuendettelsau 1961

Abb.14: Missionsstationen um 1919; Quelle: Neuendettelsauer Missionsblatt 1917 Nr.8, S.62

Abb.15: Vertreter aller lutherischen Missionen auf der Brisbane-Konferenz 1929; Quelle: Christine Winter, Looking after one's own. The rise of Nationalism and the Politics oft the Neuendettelsauer Mission; von ihr entnommen aus: Source: Jericho, E. A., Seedtime and Harvest in New Guinea, Adelaide, 1961, p. 48

Abb.16: Missionsdirektor Dr. Friedrich Eppelein wird in Finschhafen erwartet (1930); Quelle: Familienalbum

Abb.17: Ausdehnung des Missionsgebietes bis 1930; Quelle: F. Eppelein, Das Neuendettelsauer Missionswerk und seine 4 Arbeitsgebiete, Bericht 1933 der Neuendettelsauer Mission; entnommen: Christine. Winter, Looking after one`s own. The rise of Nationalism and the Politics oft the Neuendettelsauer Mission, Peter Lang 2012

Abb.18: Landung der missionseigenen „Papua" im Hochland; Quelle: Cornelia Mertian, Erstes Missionsflugzeug der Lutheran Mission New Guinea, Landeskirchliches Archiv der evangelisch-lutherischen Kirche in Bayern, 2019

Abb.19: Hochland mit Gebirgsfluss; Quelle: Georg Pilhofer, Geschichte der Neuendettelsauer Mission, Band 1

Abb.20: SA-Truppe der Missionsseminaristen; Quelle: Archiv Mission Eine Welt, entnommen aus: Markus Springer, NS-Zeit in Franken – Das Beispiel Neuendettelsau, 2018

Abb.21: Lagerhaus und Schiffe der Missions-AG NAMASU; Quelle: Georg Pilhofer, Geschichte der Neuendettelsauer Mission, Band 2, Neuendettelsau 1963

Abb.22: Mein Großvater und seine Sägewerk-Arbeiter; Quelle: Familienalbum

Abb.23: Verabschiedung der Missionsbräute in Neuendettelsau 1922; Quelle: Griffith University, German Missionaries in Australia

Abb.24: Das Sägewerk Butaueng und auf dem Hügel das Wohnhaus meiner Großeltern Babette und Johann Schmutterer; Quelle: Familienalbum

Abb.25: Hängebrücke über den Bubui; Quelle: Familienalbum

Abb.26: Maloche für Großvaters Sägewerk; Quelle: Familienalbum

Abb.27: Meine Mutter und ihr Bruder beim Spiel; Quelle: Familienalbum

Abb.28: Schulklasse auf dem Sattelberg, das Kind links meine Mutter; Quelle: Familienalbum

Abb.29: Heimreise 1931 auf der „Fulda"; Quelle: Familienalbum. Vorne links meine Großeltern, hinter ihnen das Ehepaar Stolz. Sitzend vorne links mein Onkel Heinrich und meine Mutter. Die anderen Personen vermutlich Angehörige weiterer Missionsgesellschaften

Abb.30: Friedel Schmutterer darf den Führer begrüßen, Quelle: Missionsarchiv, Foto #10068

Abb.31: Kolonial-Souvenire aus Neugiunea im Wohnzimmer meiner Familie; Quelle: eigenes Foto

Abb.32: Schmutterer Drive in Lae, Quelle: Familienalbum, Foto: Heinrich Schmutterer 1993

10. Anhang: Fotos aus dem Familienalbum

*Sägewerk und Haus der Großeltern in
Butaueng am Bubui*

1928 – das Sägewerk am Bubui

*1965 – dasselbe Gelände mit dem Braun Memorial
Hospital (Quelle: Webseite des BMH, Kapitel History)*

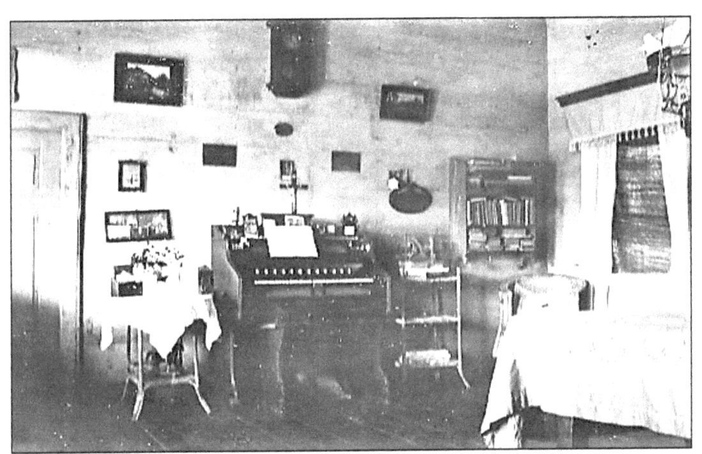

Das Wohnzimmer im Haus der Großeltern

Großvater und seine Arbeiter im Sägewerk

*Hochzeit von Großvater und Großmutter am
11.7.1922 in der Lutheran Church in Lights Pass/Adelaide.
Gäste u.a. die Familien Georg Pilhofer, Georg Bamler,.Leonhard Flierl und Karl Saueracker*

Meine Mutter Martha Schmutterer als Kleinkind

Johann Flierl zu Besuch. In der Mitte Flierl, rechts
und links neben ihm meine Mutter und ihr Bruder, Großvater ganz links im Bild. Neben ihm in der hinteren Reihe Herr und Frau Döbler. Der Herr mit der Brille ist
Paul Helbig und neben ihm Karl Wacke.

Großvater, Großmutter, Bruder Gottfried Schmutterer
und seine Frau Magdalene mit Kindern

*Besuch von Familie Döbler mit Kaspar, Luise (rechts)
und Kindern, links Tante Lore; in der Mitte Großvater
und Großmutter mit Martha und Heinrich*

Großmutter mit Heinrich, Leonhard und Lucy Wagner

Hauptkonferenz 1922 auf dem Sattelberg. Mit dabei: Johann Flierl, Pfalzer, Zahn, Lehner, Keyßer, Pilhofer, Oertel, Stößel, Theile (Mitte), J.Schmutterer

Missionskonferenz 1928. Untere Reihe v.l.n.r.: Mailänder, Ruppert, Johann Flierl, Bamler, Wagner. Mittlere Reihe v.l.n.r.: Johann Hertle, Zahn, H. Flierl, Lehner, Böttger, Döbler, Stolz. Hintere Reihe v.l.n.r.: Saueracker, W. Flierl, Bayer, L. Flierl, Schnabel, Wacke, J. Schmutterer

1917: Tauffeier in Lae. In der Mitte Gottfried Schmutterer, ganz rechts mit dem Hut in der Hand Großvater

Beim Krocketspiel

216

Meine Mutter auf dem Heimweg von Sattelberg

Meine Großmutter und Papuaträger

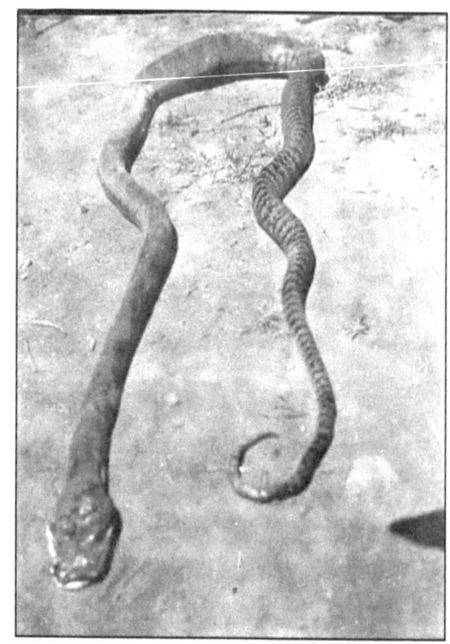

Von Großvater erlegt: ein Leguan und eine Riesen-schlange

Papuas mit besiegtem Krokodil

218

Papuadorf und Papuamädchen

Eine Versammlung in Wareo

Ein Festessen wird vorbereitet

Ein „Empfangskomitee"

220

Im Papuaboot

Das Inseldorf Sio

Eingetr. Nr. *85.*

Geburts- und Tauf-Zeugnis.

Im Jahre Eintausend *Neunhundert drei und zwanzig*
den *zwei und zwanzigsten Juli*
wurde zu *Pola – Finschhafen, Neu Guinea,*
k. Bezirksamt = *District Office Morobe*
Martha Maria Friederike Schmutterer

als *1* tes Kind *des Sägemeisters in Butaweng*
Johann Friedrich Schmutterer
und dessen Ehefrau Christine Babette
geboren und am *fünften August 1923*
vom Missionar *Johann Ruppert*
nach lutherischem Ritus in *der Kirche zu Pola*
getauft.

Taufpate: *Herr Friedrich Sandmeyer, Oettingen / Schwaben*
Frau Marie Sandmeyer   "   "
Frau Missionar Marie Stolz, Sio, Neuguinea
Vertreten durch Frau Missionar Frieda Ruppert, Pola   "

Dies wird hiemit wahrheitsgemäss bestätigt

Ev. luth. Neuendettelsauer Mission
Neuguinea

Pola-Finschhafen, den *6. August*   19 *23.*
Joh. Ruppert, Missionar

*Taufzeugnis meiner Mutter, unterzeichnet
von Missionar Johann Ruppert*

Lutheran Mission Finschhafen.

Neu-Guinea -Sattelberg, den 11. November 1930.

Schul-Zeugnis

für Martha Schmutterer Alter: 7 Jahre

Schüler in der 1ten Klasse Elementarklasse

für die Zeit vom 12. August bis 11. November 1930.

Sittliches Betragen: I = hervorragend

Aufmerksamkeit in den Lehrstunden: I = lobenswert

Häuslicher Fleiss: I = hervorragend

Bibl. Geschichte: I = lobenswert	Heimatkunde:
Katechismus: II = lobenswert	Geographie:
Kirchenlied: I = lobenswert	Geschichte:
Deutsch: I = hervorragend	Naturkunde: II = lobenswert
Sprachlehre: I = hervorragend	Gesundheitslehre:
Aufsatz: I = hervorragend	Englisch:
Diktat: I+ = ausgezeichnet	Schönschreiben: I = lobenswert
Ansch.-Unterricht: I = lobenswert	Zeichnen:
Lesen: I = lobenswert	Singen: I = lobenswert
Rechnen: II = lobenswert	Turnen: III = zufriedenstellend
Geometrie:	Handarbeiten:

sie war 15 Tage abwesend.

sie wird in die 2. Klasse versetzt.

Lehrerin: Martha Schröder.

Unterschrift der Eltern:

Schulzeugnis meiner Mutter vom Internat Sattelberg

DALGETY & COMPANY, LTD., Agents.

PASSENGERS' LIST.

LIVERPOOL
CAPETOWN
ALBANY

DALGETY & COMPANY, LTD.

Agents for the ...

NAMES AND DESCRIPTION OF PASSENGERS.

SALOON

SUMMARY.

Passagierliste mit den Missionsbräuten bei Abfahrt der „Runic" am 12. Juni 1922 in Liverpool. Meine Großmutter „Mrs. B. Hertle" in Zeile 5.

POST CARD · CARTE POSTALE
CARTOLINA POSTALE · TARJETA POSTAL

*Ein Weihnachtsgruß von Hubert Stürzenhofecker 1934 an
meinen Großvater, abgeschickt am 18. September*

Danksagung

Mein Dank gilt zuvorderst meiner Frau. Ohne ihr Buchgeschenk „Dein ist das Reich" von Katharina Döbler hätte mir wohl die finale Motivation gefehlt, mich mit dem Thema zu befassen. Dank auch für die viele Zeit, die sie während meiner Beschäftigung mit vorliegender Ausarbeitung duldsam ertragen hatte. Sehr dankbar bin ich auch all jenen Historikern, die wochenlang in Bibliotheken und Archiven Quellenforschung betrieben und ihre Ergebnisse dokumentiert hatten. Sie ersparten mir so eine mühsame und aufwändige Arbeit, die ich wohl gar nicht hätte aufbringen können. Meiner Familie vielen Dank für die vielen Anregungen und die Unterstützung bei der Bucherstellung. Dankend erwähnen möchte ich auch Frau Lienert-Emmerlich, die Leiterin des Projekts Archiv der Mission EineWelt in Neuendettelsau, die mit ihren umfangreichen Kenntnissen letzte korrigierende und ergänzende Hinweise geben konnte.